Appenzeller Land

Helmut Dumler

Bergwanderungen im Appenzeller Land

50 ausgewählte Tal- und Höhenwanderungen
im Appenzeller Land und seinen Randgebieten

BERGVERLAG RUDOLF ROTHER GMBH · MÜNCHEN

Umschlagbild:
Der Weg vom Hohen Kasten zur Saxer Lücke.
Foto: Wolfgang Rauschel.

Bildnachweis (Seitenzahlen):
Dumler, H., S. 12, 21, 23, 25, 29, 41, 43, 45, 49, 55, 61, 63, 65, 67, 71, 73, 77, 79, 83, 85, 87, 91, 93, 95, 97, 99, 103, 107, 115, 117, 119.
Magro, A., S. 13, 27, 31, 39, 53, 59, 81.
Mallaun, L., S. 15, 19, 69, 75, 105.
Puntschuh, K., S. 57, 111.
Rauschel, W., S. 9, 16, 33, 35, 109, 113.
Verkehrsverein Appenzell, S. 36, 101.
Verkehrsverein Speicher, S. 51.
Verkehrsverein Stein, S. 47.

Kartenskizzen: Mayr, Innsbruck.

Die Ausarbeitung aller in diesem Führer beschriebenen Anstiege und Routen erfolgte nach bestem Wissen und Gewissen des Autors. Die Benützung dieses Führers geschieht auf eigenes Risiko. Soweit gesetzlich zulässig, wird eine Haftung für etwaige Unfälle und Schäden jeder Art aus keinem Rechtsgrund übernommen.

Bergverlag Rudolf Rother GmbH, München
1. Auflage 1991

ISBN 3-7633-4086-6

Gesamtherstellung Rother Druck GmbH, München
(2273/0159)

Vorwort

Das Appenzeller Land besteht aus zwei Halbkantonen – Innerrhoden und Außerrhoden – und breitet sich auf 415 qkm in der Nordostschweiz aus, zwischen Bodensee und Alpstein. In den 26 Gemeinden leben rund 63000 Menschen, wobei 49000 auf Außerrhoden (243 m^2) entfallen. Die geringere Einwohnerzahl Innerrhodens ist auf seine alpine Landschaftsstruktur zurückzuführen. Hauptort von Außerrhoden ist Herisau, während Appenzell das Zentrum Innerrhodens darstellt.
Besiedelt wurde das Ländchen vor etwa 1300 Jahren durch Alemannen. Später gelangte es in den Besitz des Klosters St. Gallen. Nach den Befreiungskämpfen 1403 und 1405 gegen die äbtische Herrschaft und habsburgischen Machtansprüche, trat Appenzell im Jahre 1531 dem Bund der Eidgenossen bei. Seit 1597, als die Reformation eine Grenze zog, existieren die beiden Halbkantone. Innerrhoden behielt den römisch-katholischen Glauben, Außerrhoden wandte sich der neuen Lehre zu. Das Siedlungsbild läßt eine alemannische Streusiedlung erkennen: freies Hausen und Gebieten auf eigenem Grund als Ausdruck von Selbstbewußtsein und Unabhängigkeitswillen. Der schlichte, durch seine ausgewogenen Proportionen ansprechende Stil des Bauernhauses wiederholt sich mit reicher entwickelten Formen in den Ortschaften, von denen jede ihr eigenes Antlitz ausstrahlt.
Trotz moderner Einflüsse blieb die Tradition erhalten: Mundart, Witz, Brauchtum, Musik, Möbelmalerei, Handwerk, ganz besonders aber die Landsgemeinde als Urform der Demokratie. Abgestimmt wird durch „Handmehr“, und zwar alljährlich am letzten April-Sonntag. 1991 waren bei der Abstimmung erstmals auch Frauen stimmberechtigt.
Bewegte topographische Gestaltung macht das Appenzeller Land zu einem herrlichen Wandergebiet – von sanften Hügeln und Weidewiesen bis hin zu strengen Hochgebirgsszenerien mit sämtlichen alpinen Entfaltungsmöglichkeiten einer Felsregion. Die hier ausgewählten 50 Touren vermitteln einen repräsentativen Querschnitt des vielfältigen Angebotes unter mehr als 1000 km bezeichneter Wege und Steige.
„Sönd willchomm“, sagt der Appenzeller.

Augsburg, im Frühjahr 1991 — Helmut Dumler

Inhaltsverzeichnis

Touristische Hinweise

Gebrauch des Führers

Das Inhaltsverzeichnis erklärt den Aufbau sowie die Gliederung des Büchleins und gibt in Stichworten die beschriebenen Wanderungen wieder. Im „Kopf“ des jeweiligen Tourenvorschlages findet man aufschlußreiche Informationen, sozusagen einen Steckbrief mit den wichtigsten Gegebenheiten, an den sich die Beschreibung des Weges anschließt. Illustriert wird jeder Text durch eine mehrfarbige Wanderkarte mit dem eingezeichneten Routenverlauf sowie mit einem Farbfoto.
Schlüsselähnlicher Bestandteil des Inhaltes ist das Stichwortregister. Dort sind sämtliche Talorte, Ausgangspunkte, Stützpunkte, Hütten und Tourenziele bzw. Gipfel angeführt. Dieses Verzeichnis ermöglicht es, zusammen mit der Übersichtskarte auf der vierten Umschlagseite, die Tourenmöglichkeiten zu erkennen.

Wegenetz

Das eidgenössische Wanderwege-Netz, 1979 durch Volksinitiative sogar in die Verfassung aufgenommen und 1987 in Kraft gesetzt, darf als mustergültig sowie weltweit einzigartig gerühmt werden. Im Appenzeller Land bestehen über 1000 km gekennzeichnete Wanderwege. Gelbe Tafeln, auf denen die jeweiligen Ziele, teilweise auch die Gehzeit, vermerkt sind, bilden mit gelben Rauten zuverlässige Markierungen.

Bergrettung

Schweizerische Rettungsflugwacht (ARFW), Tel. 01/474747 oder 01/3831111 (REGA).

Karten

Die den Wandervorschlägen beigegebenen mehrfarbigen Karten sind ein wesentlicher Bestandteil des Führers und erübrigen die Mitnahme spezieller Wanderkarten. Der Autor benützte bei seiner Arbeit die Landeskarte der Schweiz: Blatt 5014 „St. Gallen – Appenzell“ (mit eingezeichneten Wegen) 1:50000, Blatt 227 Appenzell 1:50000 sowie die 1:25000-Zusammensetzungen Blatt 2501 „St. Gallen und Umgebung“ und Blatt 2514 „Säntis – Churfirsten“.

Gehzeiten

Zeitangaben verstehen sich ohne Pausen oder sonstige Aufenthalte und sind auf durchschnittliche Wanderer abgestimmt; aufgeschlüsselt in die einzelnen Wegstrecken bzw. die Abstiege und die Gesamtgehzeit.

Blick von der Hundsteinhütte auf den Berggasthof Bollenwees, einer Tourendrehscheibe in diesem Teil des Alpsteins.

Anforderungen
Die meisten Wanderungen verlaufen auf gut instandgehaltenen und markierten Steigen und Wegen. Dies sollte jedoch nicht darüber hinwegtäuschen, daß manche Stellen Trittsicherheit und Schwindelfreiheit erfordern. Außerdem ist zu beachten, daß die Touren im Frühsommer und nach längeren Schlechtwetterperioden erhöhte Anforderungen aufweisen können.

Um die jeweiligen Anforderungen besser einschätzen zu können, wurden die Nummern der Tourenvorschläge mit verschiedenen Farben markiert. Diese Farben erklären sich wie folgt:

Diese Wege sind gut und lückenlos markiert, ausreichend breit und nur mäßig steil, daher auch bei Schlechtwetter relativ gefahrlos zu begehen. Diese Wege können auch von Kindern und älteren Leuten ohne große Gefahr begangen werden.

Diese Steige sind ausreichend markiert, überwiegend aber schmal und über kurze Abschnitte bereits etwas ausgesetzt. Kurze Strecken dieser Steige können bereits mit Drahtseilen abgesichert sein und sollten daher nur von trittsicheren, mit entsprechender Ausrüstung ausgestatteten Bergwanderern begangen werden.

SCHWARZ
Diese Steige sind ebenfalls ausreichend markiert, aber schmal und über weite Abschnitte steil angelegt. Stellenweise können sie sehr ausgesetzt sein, manchmal wird die Zuhilfenahme der Hände notwendig. Dies bedeutet, daß diese Wege nur von absolut trittsicheren, konditionsstarken und alpin erfahrenen Wanderern angegangen werden sollten.

Öffentliches Verkehrswesen
Als einzige Schweizer Kantone weisen Außer- und Innerrhoden keinen Meter SBB-Schienennetz auf. Das Appenzeller Land wird von fünf Privatbahnen mit 80 Schienenkilometern erschlossen. Daneben sind 16 Postautolinien (194 km) fester Bestandteil des öffentlichen Verkehrs. Die PTT verkauft an ihren Reisepoststellen eine preislich günstige Postauto-Wochenkarte Appenzeller Land.

Auskünfte: Spezielle Auskünfte über Übernachtungsmöglichkeiten, Öffnungszeiten, Zustand der Wanderwege sowie Veranstaltungstips erteilt das Verkehrsbüro CH-9050 Appenzell, Hauptgasse 19, Tel. 071/ 87 41 11.

Wissenswertes

Sehenswürdigkeiten

(soweit nicht bei den Wanderungen erwähnt)

Altstätten, 462 m, Kanton St. Gallen. Hervorgegangen aus dem 853 erwähnten Hof „Altsteti“ des Klosters St. Gallen, um 1270 zur Stadt erhoben, 1410 von Österreich zerstört, weil die Bürger im Krieg auf Seiten der Appenzeller standen; von den vier Stadttoren ist noch das Untertor erhalten. An der Marktgasse malerische, hochaufragende Giebelhäuser des 18. Jh. Pfarrkirche St. Nikolaus, 1794 – 1798 neu erbaut, 1910 barockisiert. Heimatmuseum im spätmittelalterlichen (1488) Herrensitz Pretegg.

Appenzell, 785 m. Landsgemeindeplatz mit der in der 2. Hälfte des 19. Jh. gepflanzten „Hoflinde“, umgeben von bunt bemalten Fassaden typischer Holzhäuser. Pfarrkirche St. Mauritius, an Stelle einer romanischen Kirche, älteste Bauteile aus dem frühen 16. Jh., klassizistisches Langhaus (1823). Spätgotisches Rathaus (1561 – 1563) mit dem Heimatmuseum; Öffnungszeiten im Mai am Mittwoch, Samstag, Sonntag 14.00 – 16.00 Uhr und vom 1. Juni bis 11. November täglich 14.00 – 17.00 Uhr. Das Schloß wurde 1563 im Stil der italienischen Renaissance erbaut von Anthony Löw, der als Anführer der Protestanten 1584 hingerichtet wurde; 1973 renoviert, Privatbesitz. Retonio's mechanisches Musikmuseum. Kulturzentrum Ziegelhütte. Kunstwerkstatt Hoferbad. Schaukeller für Appenzeller Käse bei Züger AG.

Bühler, 824 m. Hervorgegangen aus „Ulrich Büöllers hoff“, wie eine Urkunde von 1723 verbürgt. An der Hauptstraße (Nr. 142) das 1790 erbaute, spätbarocke Türmlihaus mit Mansardenwalmdach. Weitere herrschaftliche Fabrikantenhäuser (Nr. 36 – 41, 42) des späten 18. und frühen 19. Jh. Im Hinterdorf das ehemalige, 1598 errichtete Trogener Rathaus, das nach Abbruch 1842 in Bühler auf ein neues Erdgeschoß gesetzt wurde.

Haslen, 740 m. Neoromanische, reich ausgemalte, 1901 geweihte Pfarr- und Wallfahrtskirche, wo seit 1649 das kostbare Gnadenbild „Unser Lieben Frau Hilf“ angebetet wird.

Heiden, 812 m. Neben Glarus bedeutendste eidgenössische städtebauliche Anlage des 19. Jh. Dorfplatz mit mehreren, nach dem Brand von 1838 entstandenen Biedermeierhäusern mit niederen Walmdächern. Historisches Museum, 1988 neu gestaltet, geöffnet April – Oktober Mittwoch 14.00 – 16.00 Uhr, Freitag 10.00 – 12.00 Uhr, Sonntag 10.00 – 12.00 und 14.00 – 16.00 Uhr, sowie Juni – August zusätzlich am Samstag

14.00 – 16.00 Uhr. Im Kurpark steht das 1962 enthüllte Denkmal für Henri Dunant (1828 – 1910), 1864 Gründer des Roten Kreuzes, 1901 Friedens-Nobelpreis; Dunant-Museum (Asylstraße 2) im Erdgeschoß des Krankenheims, geöffnet täglich 10.00 – 19.00 Uhr.

Herisau, 757 m. Zahlreiche stattliche Bürgerhäuser und Appenzeller Holzhäuser, hauptsächlich aus dem 18. Jh., zum Teil mit geschwungenen Giebeln. Spätgotische Kirche St. Laurentius (1516 – 1520), bedeutendstes Bauwerk des Kantons, Rokokostuck (1782) vom Vorarlberger Andreas Moosbrugger. Altes Pfarr- und Rathaus, erbaut 1826, seit 1967 Museum der Sammlungen des Historischen Vereins Herisau, geöffnet sonntags 10.30 – 12.00 Uhr, Wintermonate geschlossen.

Hundwil, 788 m. Neben Herisau ältestes Kirchdorf in Außerrhoden. Die reformierte Kirche, von der bis 1711 verläßliche Angaben fehlen, birgt die älteste Malerei (hl. Katharina) des Kantons; 1750 Umgestaltung durch die Brüder Hans Ulrich und Johann Jakob Grubenmann aus Teufen. Landsgemeindeplatz mit hübschen Holzhäusern des 17. / 18. Jh. Landsgemeinde Außerrhoden am letzten April-Sonntag jedes ungeraden Jahres. Ehemali-

Sonntagstracht der unverheirateten Appenzellerinnen beim Kirchgang.

Auf der Potersalp.

ges, 1608 erstelltes Pfarr- und Rathaus (Nr. 12, Gemeindekanzlei). Gasthaus Krone, 1599 errichteter Block-Holzbau („Strickbau"), 1829 von Johannes Knöpfel grundlegend renoviert; im 1. Stock rokokoausgemalte „Altertumsstibe"; u.a. Motive zur Tell-Geschichte.

Jakobsbad, 869 m. Westlich das Franziskanerinnenkloster Maria Leiden, gegründet am 11. April 1851 durch die Nonne Johanna Bättig von Wonnenstein. Die Schwestern huldigen der „Ewigen Anbetung".

St. Gallen, 620 m. Seit 1803 Hauptstadt des gleichnamigen Kantons. Stift St. Gallus und Othmar, ehemals fürstliche Benediktiner-Abtei und in den Anfängen – vor 1200 Jahren – ein Brennpunkt abendländischer Wissenschaft und Kultur, das kurz vor seiner Aufhebung noch den Triumph barocker Architektur erlebte. Stiftskirche und Bibliothek besitzen Weltgeltung. Die zeilenweise nördlich um den Klosterbezirk gewachsene Altstadt besitzt stattliche Häuser mit malerischen Erkern. Reformierte Kirche St. Laurenzen, ursprünglich spätgotisch (1413–1419), 1851 umgestaltet. Renaissance-Stadthaus. Museen: Stiftsbibliothek, Kunstmuseum, Historisches Museum.

Speicher, 924 m, klassizistische Pfarrkirche, innen gründlich renoviert.

Stein, 814 m. Appenzeller Volkskunde-Museum, 1987 eröffnet, zu besichtigen April – Oktober Dienstag bis Samstag 10.00 – 12.00 Uhr, 13.30 – 17.00 Uhr, Sonntag 10.00 – 18.00 Uhr; sonst 13.30 – 17.00 Uhr bzw. 10.00 – 17.00 Uhr. Schaukäserei, täglich geöffnet von 8.00 – 19.00 Uhr; Käseherstellung 9.00 – 11.00 und 13.00 – 15.00 Uhr. Am Dorfplatz Holzgiebelhäuser aus der Mitte des 18. Jh. Kirche 1749 von Hans Ulrich Grubenmann aus Teufen erbaut, 1832 mit klassizistischem Gewölbestuck versehen.

Teufen, 833 m. Um den Vorplatz der Kirche teilweise Häuser des 15./16. Jh. Reformierte Kirche, 1776 bis 1779 vom hiesigen Hans Ulrich Grubenmann errichtet, feiner Stuck der Vorarlberger Brüder Andreas und Peter Anton Moosbrugger. Grubenmann-Museum in einem bis 1909 als Bahnhof dienenden Gebäude (Nr. 7), Original-Modelle von Projekten der Baumeisterfamilie Grubenmann, Werkzeuge, Tonbildschau, geöffnet Montag, Mittwoch, Samstag 14.00 – 16.00 Uhr, Freitag 18.00 – 20.00 Uhr, 1. Sonntag im Monat 10.00 – 12.00 Uhr.

Trogen, 903 m. Um den eindrucksvollen Landsgemeindeplatz stehen ansehnliche Herrschafts- und Patrizierhäuser des 18. Jh. bzw. der seinerzeit politisch und wirtschaftlich einflußreichen Leinwandhändler-Familie Zellweger; das älteste erhaltene „Zellweger-Haus" stellt das Mädchenkonvikt der Kantonsschule (Nr. 43) dar: um 1650 errichtet und neben der „Krone" das einzige verbliebene Holzgiebelhaus. Pfarrkirche, erbaut 1779 – 1781 im Übergangsstil vom Rokoko zum Klassizismus; im Turm die älteste Glocke (1495) des Appenzeller Landes. Klassizistisches Rathaus (1802 – 1805). Landsgemeinde Außerrhoden seit 1597 (Kantonsteilung) in geraden Jahren. Die Mammutbäume (Wellingtonien) am Friedhofs-Eingang wurden 1866 im Gedenken an die Schlacht bei Königgrätz bzw. 1870 an jene bei Sedan gepflanzt. Kinderdorf Pestalozzi, 1946 gegründet vom Zürcher Philosophen Dr. Walter Robert Corti. Dort leben ständig rund 200 elternlose Kinder aus zahlreichen Ländern: 15 bis 20 Waisen verschiedenen Alters, aber gleicher Nation sind mit ihren „Eltern" zu einer Hausgemeinschaft vereint, in welcher die Sprache der Heimat gepflegt wird; kleines Museum. Führungen nach vorheriger Anmeldung.

Urnäsch, 832 m. Die Ortschaft, 1344 erstmals urkundlich erwähnt und bis zur Reformation 1523 fest in den Händen von St. Gallen, fiel 1641 einem Großbrand zum Opfer. Hier wurde 1673 der letzte Bär im Appenzeller Land

Eines der malerischen Häuser im Zentrum des Städtchens Appenzell.

R. STARK-DOBLER
Löwen-Drogerie
a de Gass

erlegt; der Schütze erhielt als Belohnung 20 Gulden. Hübscher, im 15./16. Jh. entstandener Dorfplatz mit typischen fassadengetäfelten Appenzeller Häusern des 17./18. Jh. Im fünfgeschossigen Haus Nr. 15 das Museum für Appenzeller Brauchtum, geöffnet von Juli bis Oktober 14.00 – 17.00 Uhr, April bis Juni am Mittwoch, Samstag und Sonntag 14.00 – 17.00 Uhr.

Vögelinsegg, 956 m. Denkmal – Marmorskulptur eines Sennen – des Freiheitskampfes der Appenzeller bzw. ihrer siegreichen Schlacht (1 km nordwestlich im „Loch" bei Rank) am 15. Mai 1403 gegen das vereinte Heer des Abtes von St. Gallen und der Bodenseestädte. Auf der anderen Straßenseite erinnert ein Bronzerelief an den Komponisten Johann Heinrich Tobler (1777—1838), von dem u. a. das Landsgemeindelied stammt.

Wald, 962 m. Dorfkirche (1686) mit einer im Kanton selten vorkommenden Zwiebelhaube. Gasthaus zur Harmonie, betreut vom Heimatschutz.

Wolfhalden, 709 m. Ortsmuseum in einem Haus des 17. Jh., geöffnet Mai – Oktober sonntags 10.00 – 12.00 Uhr.

Ausflugsziele

Buechen, 1130 m. Berggasthof und Aussichtsplatz südlich von Trogen; das Zufahrtssträßchen zweigt in Wissegg ab.

Ebenalp, 1630 m. Berggasthaus oberhalb von Wasserauen; Seilbahn. Von der Seilbahn-Bergstation 10 Min. Abstieg zum Wildkirchli, s. Tour 40.

Eggli, 1192 m. Ausflugsgaststätte (Donnerstag geschlossen) in der Nordwestflanke des Fänerenspitz. Teersträßchen von Steinegg bei Appenzell.

Gäbris, 1247 m. Berggasthaus (Mittwoch geschlossen) und Aussichtsplatz. Zufahrt von Gais, Samstag 13.00 – 18.00 Uhr, Sonntag 8.00 – 18.00 Uhr Fahrverbot.

Gübsensee, 682 m, s. Tour 1.

Höch-Hirschberg, 1167 m. Gasthof (Dienstag geschlossen) und berühmter Aussichtsplatz; Teersträßchen von Sammelplatz.

Hoher Kasten, 1795 m. Wegen der Aussicht auch „Rigi der Ostschweiz" genannt; Seilbahn von Brülisau.

Ausblick von Altmann auf den Hundstein, rechts unten der Fälensee.

Kronberg, 1663 m. Prächtiger Aussichtsberg; Seilbahn von Jakobsbad.

Lehmen, 1968 m. Ausflugsgasthof im Tal des Wissbaches, 4 km südwestlich von Weissbad.

Leimensteig, 760 m. Hübsch gelegener Ausflugsgasthof (Dienstag geschlossen) am Panoramasträßchen zwischen Schlatt (2 km) und Haslen (3 km).

Niderstein, 802 m. Historischer, ehemaliger Brauerei-Gasthof im Originalzustand von 1899, 600 m südlich von Stein; Dienstag, Mittwoch geschlossen; s. auch Tour 14.

Pestalozzidorf, 960 m. Bei Trogen, s. Sehenswürdigkeiten.

Säntis, 2503 m. Höchster Gipfel des Alpstein. Seilbahn von Schwägalp.

Schäflisegg, 965 m. Ausflugsgaststätte am Eggen-Kamm, nördlich von Teufen; Montag u. Dienstag geschlossen.

Schwägalp, 1352 m. Paß und Talstation der Säntis-Seilbahn, 11 km von Urnäsch; Postbusse.

Stoss, 942 m. Gedenkstätte des Appenzeller Freiheitskampfes 1405. An der Straße von Gais (2 km) nach Altstätten; Bahnstation.

Vögelinsegg, 956 m. Aussichtskanzel und Denkmal des Appenzeller Freiheitskampfes, bei Speicher, 6 km von Appenzell, Station der Trogenerbahn; s. Sehenswürdigkeiten.

Waldegg, 986 m. Ausflugsgaststätte. Das geteerte Zufahrtssträßchen (1 km) zweigt zwischen Teufen und Speicher ab; Donnerstag geschlossen.

Naturschönheiten

Alp Sigel, s. Tour 37, 38.
Chlustobel, s. Tour 33.
Fälensee, s. Tour 46, 47, 48, 49, 50.
Forstseeli, s. Tour 32.
Hirschensprung, s. Tour 18.
Kreuzberge, s. Tour 19, 35, 46, 49.
Kristallhöhle, s. Tour 18.
Sämtisersee, s. Tour 38, 45, 46, 47.
Seealpsee, s. Tour 41, 42, 43.
Sittertobel, s. Tour 14.
Wildkirchli, s. Tour 39, 40.

Auf dem Lisengrat vom Säntis in den Rotsteinpaß. Im Hintergrund der Altmann.

1 Herisau

Zum Wasservögelparadies Gübsensee

Herisau – Belch – Saum – Gübsensee – Herisau

Talort / Ausgangspunkt: Herisau, 757 m, seit 1597 Hauptort von Außerrhoden; südwestlich (10 km) von St. Gallen, 5 km von der Autobahn. Bus- und Bahnverbindungen.
Parkmöglichkeit: Beim Bahnhof.
Gehzeiten: Herisau – Rechberg 50 Min., Rechberg – Gübsensee 1¼ Std., Gübsensee – Herisau 1 Std. Insgesamt knapp 3¼ Std.
Anforderungen: Spazierwege ohne nennenswerte Schwierigkeiten.
Höchster Punkt: 910 m.
Einkehrmöglichkeiten: Gasthof Bären, Gübsensee.
Sehenswert: S. Wissenswertes.

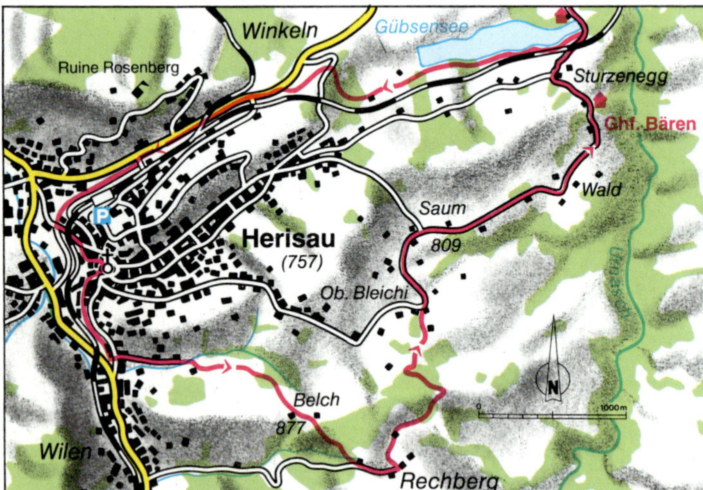

Der Wegverlauf: Vom Bahnhof zur nahen Kirche und mit der Gossauer Straße zum Platz bei der Pfarrkirche. Weiter durch die Poststraße, vorbei am Restaurant Casino, dann abwärts. Kurz vor der Alpsteinstraße biegt man links in die Mittlere Kapfstraße ein; vom Bahnhof 20 Min. Über den folgenden Parkplatz talein, etwa 450 m. Nach dem letzten Haus an der Weggabelung halbrechts und bergan. Das Weglein führt über Wiesen und durch ein Waldstück nach **Belch**, 877 m. Links, nach 50 m einige Schritte rechts, worauf links ein schwach ausgeprägter Wiesenweg abzweigt. Durch den Wald. An seinem Ende rechts zum Fahrsträßchen, das links

nach **Rechberg**, 890 m, leitet. Beim ersten Haus spitzwinkelig nach links. Hinter dem nächsten Haus rechts halten und durch den Wald zu einem Querweg. Links, erneut im Wald, nach 300 m rechts, durch die Bachmulde abwärts zu einem Teersträßchen. Links, nach 50 m rechts und bei den Häusern von **Ober Bleichi** abermals links, nun dem Sträßchen folgen, rechtshaltend durch **Saum**, 809 m. Etwa ¼ Std. später abwärts. St. Gallen tritt ins Blickfeld. Ungefähr 40 Min. nach Ober Bleichi steht rechts am Sturzenegg das **Wirtshaus Bären**. Noch 200 m auf dem Sträßchen, dann rechts in 5 Min. zum **Gübsensee**, 682 m; jenseits der Staumauer das Restaurant. Der See – er dient dem Kraftwerk Kubel –, wird durch unterirdische Stollen von der Sitter (3,86 km) und der Urnäsch (1,98 km) genährt; von Herisau etwa 2 Std.
Vor der Staumauer links, am See entlang in 20 Min. zur westlichen Staumauer. Der Wanderweg ist identisch mit dem Damm der ehemaligen (1875–1910) Schmalspurbahn Winkeln – Herisau. Er setzt sich geradeaus fort zum Wegweiser Lenden, 695 m. Etwa 100 m danach gerade aufwärts im Wald, durch die Unterführung und zur Straße (Restaurant Alter Zoll). Links noch 500 m bergan, dann abwärts. Rechts oben drohte bis zum Appenzeller Krieg 1403 die Burg Rosenberg der Abtei St. Gallen. Etwa ¼ Std. nach dem „Alten Zoll" links durch die Eisenbahnunterführung und rechts in 5 Min. zum Bahnhof.

Am Ostufer des Gübsensees.

2 Schwellbrunn

In den Risiwald und zum Säntisblick

Schwellbrunn – Säntisblick – Geisshalden – Nieschberg – Ober Müli – Schwellbrunn

Ausgangsort: Schwellbrunn, 966 m, Kurort und höchstgelegenes Appenzeller Dorf, auf einem Hügelrücken südwestlich (6 km) von Herisau, Postbusse. Von Waldstatt (nächster Bahnhof) 4 km.
Parkplätze: 80 m von der Kirche entfernt (beschildert) sowie beim Hotel Kreuz.
Gehzeiten: Schwellbrunn – Säntisblick 20 Min., Säntisblick – Geisshalden ½ Std., Geisshalden – Nieschberg 20 Min., Nieschberg – Ober Müli ¼ Std., Ober Müli – Schwellbrunn ¾ Std. Insgesamt etwa 2¼ Std.

Anforderungen: Unschwierige Wege.
Höchster Punkt: 1042 m, Risiwald.
Einkehrmöglichkeiten: Gasthäuser in Geisshalden.
Sehenswert: Dorfbild des 17. / 18. sowie der 1. Hälfte des 19. Jh. fast unverändert erhalten, besonders schön die Häuser vom „Ochsen“ (Nr. 59) an der Dorfstraße bis Haus Nr. 69. Protestantische Kirche 1648 geweiht, 1763 Umbau des Turmes durch Hans Ulrich Grubenmann aus Teufen. Vom ersten Teil der Wanderung großartige Panoramablicke.

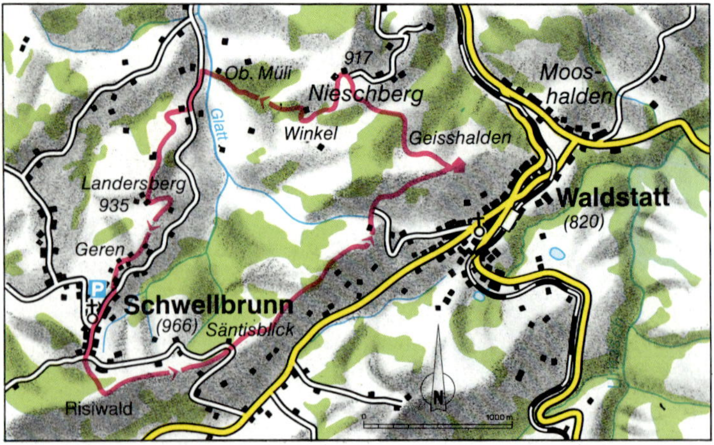

Der Wegverlauf: Ab der Kirche (Informationstafel) zunächst südlich 150 m zum Hotel Kreuz. An der Südseite der Straße mittels Steinstufen aufwärts, über Wiesen und durch einen Zipfel des Risiwaldes zu P. 1042, dem ersten eindrucksvollen Schau-Platz. Links absteigend zu einem Bauernhof, an dem die Route vorbeiführt, genußvoll über den Kamm zum ehemaligen Gasthaus **Säntisblick**, 962 m, an der Straße Schwellbrunn – Waldstatt. Links daran vorbei. Auch der Fahrweg vermittelt anhaltende „Säntisblicke“.

Schwellbrunn von Südosten.

Dem Kamm folgend, in 20 Min. zum Waldrand. Geradeaus 5 Min. durch den Wald und abwärts, einen Hof rechts passieren, zum Sträßchen, das von Waldstatt hochkommt. Gerade zur nahen Gabelung. Dort rechts halten, in 20 Min. hinauf nach **Geisshalden**, 920 m; von Schwellbrunn 50 Min. Beim Gasthaus links, eine Mulde ausgehend, zum Waldrand. Rechts bergan, um die Waldecke links herum. An der Wegeteilung gerade, etwas absteigend, und rechts zum Teersträßchen in **Nieschberg**, 1917 m. Kurz links, an der Wegegabel links, im freien Hang hinunter nach Winkel. Rechts, weiter abwärts, einen bewaldeten Tobel kreuzen, wenig später links über einen Bach und zur Glatt bzw. nach **Ober Müli** (Brunnentrog, 797 m). Auf der Straße links bergan.
Nach 350 m, gleich nach der Kfz-Werkstatt, rechts ab. An der nächsten Gabelung links weiter bergan im freien Hang. Am Bauernhof links vorbei nach **Landersberg**, 935 m. Links dem Fahrweg folgend, in 20 Min. über Geren nach **Schwellbrunn**.

3 Hundwiler Höhi, 1306 m

Von Hundwil über den Buechberg

Hundwil – Buechberg – Hundwiler Höhi – Ochsenhöhi – Hundwil

Talort / Ausgangspunkt: Hundwil, 788 m, Landsgemeindeort südöstlich (6 km) von Herisau an der Straße nach Appenzell (9 km). Von Waldstatt (nächster Bahnhof) 3 km. Postbusse.
Parkmöglichkeit: Vor den Gasthäusern um die Kirche.
Gehzeiten: Hundwil – Gasthof Alpenrose 50 Min., Gasthof Alpenrose – Hundwiler Höhi 1 Std., Hundwiler Höhi – Hundwil 1¼ Std. Insgesamt 3 Std.
Anforderungen: Unschwierig.
Höchster Punkt: 1306 m, Hundwiler Höhi.
Einkehrmöglichkeiten: Gasthaus Alpenrose (Mittwoch geschlossen), Hundwiler Höhi.
Sehenswert: S. Wissenswertes.

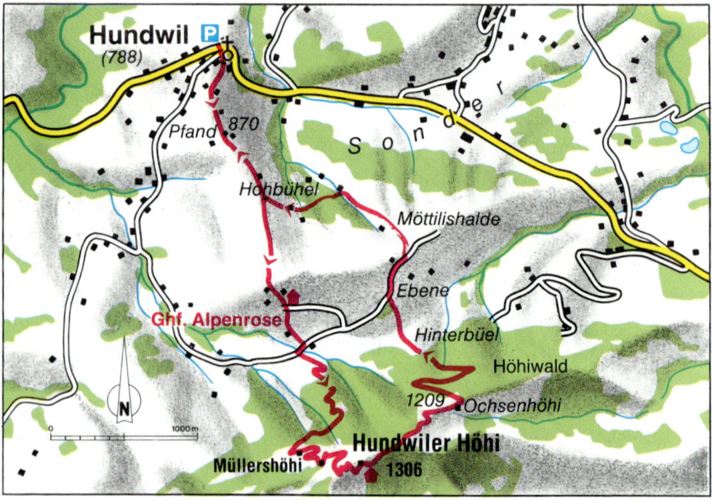

Der Anstieg: An der Südseite der Kirche, links des hübschen Hauses der Metzgerei Ammann, zwischen Häusern hindurch ansteigen und auf dem breiten Wiesenrücken südlich bergan in 10 Min. nach **Pfand**, 870 m. Das Sträßchen kreuzen und auf breitem Fahrweg über den Rücken zum Gehöft **Hohbüel**, 894 m. Nun steiler durch Weiden, an Horn vorbei, in einen Wiesensattel mit schönem Blick zur Hundwiler Höhi. Jenseits hinunter zum Gasthaus Alpenrose, 954 m. Am Parkplatz rechts vorbei, hinab zum Bach, am nächsten Anwesen links vorbei, zur Teerstraße. Auf ihr 100 m rechts;

Am Buechberg nördlich der Hundwiler Höhi.

gleich nach dem Bach ein Parkplatz, 950 m. Dort links, kurz am Bach entlang. Oberhalb der Wiese dringt der Fahrweg in den Hinterwald ein und führt in 1/4 Std. auf eine Lichtung, 1085 m.

Vor dem Hüttchen rechts und weiter durch den Wald, über einen Bach und schräg hinauf zum Grasrücken mit den Hütten von **Müllershöhi**. Von dort mittels Kehren, durch ein Waldstück und über Wiesen zur Gaststätte, die knapp unterhalb des Gipfels der **Hundwiler Höhi,** 1306 m, steht; von Hundwil 1 1/2 Std.

Der Rückweg: Ab dem Grasgipfel mit Windrad geht es nordöstlich abwärts, dann durch ein lichtes Waldstück bergan, und ab dem Waldrand hinab über Wiesen zur **Ochsenhöhi**, 1209 m. Vor der Alphütte links, den Kamm verlassend, hinunter in den Höhiwald.

Dort beschreibt die Route zwei lange Schleifen und bringt uns schließlich zum Gehöft **Hinterbüel**. Den Querweg kreuzen, jenseits mit Wiesenspuren kurzer Gegenanstieg, rechts um die Waldkuppe, 1029 m, herum und zum **Hof Ebene**. Rechts, an der Wegegabel links und aussichtsreich in 5 Min. ansteigend, zum Bauernhof **Möttilishalde**, 1019 m. Am Wohnhaus links, noch etwa 20 m auf dem Fahrweg, dann rechts ab, weglos neben dem Holzzaun absteigen – Richtung Kirchturm – in 1/4 Std. zum nächsten Gehöft. Dort links, die Mulde des Sonderbaches queren, durch ein Waldstück und schließlich auf den bekannten Weg in Hohbüel.

4 Spitzli, 1520 m

Von Urnäsch über Rossfall

Urnäsch – Rossfall – Gerstengschwend – Spitzli – Grüenau – Urnäsch

Talort / Ausgangspunkt: Urnäsch, 832 m, typische Appenzeller Ortschaft, südlich (10 km) von Herisau. Bahnhof. Postbusse.
Parkmöglichkeit: Um den Dorfplatz bei der Kirche.
Gehzeiten: Urnäsch – Rossfall 1½ Std., Rossfall – Spitzli knapp 2 Std., Spitzli – Grüenau 1 Std., Grüenau – Urnäsch 25 Min. Insgesamt etwa 5 Std.
Anforderungen: Unschwierig.
Höchster Punkt: 1520 m, Spitzli.
Einkehrmöglichkeiten: Restaurant Hüsli (Montag geschlossen), Rossfall (Montag geschlossen, ab September auch Dienstag).
Sehenswert: S. Wissenswertes. Beim Gasthaus Rossfall am Montag nach „Jakobi" (25. Juli) traditioneller Sennenball.

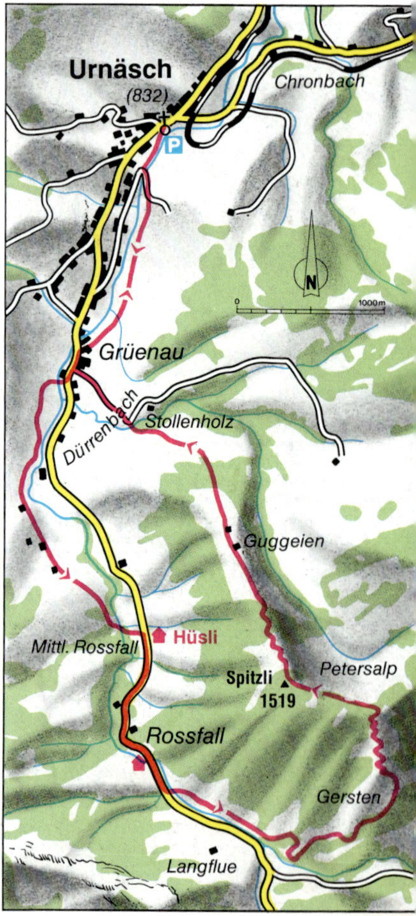

Der Anstieg: Von der Südseite der Kirche (5 Min. vom Bahnhof) abwärts und 350 m talein. Links über die Urnäsch. Nach der Brücke rechts, noch 10 Min. auf dem Asphaltweg, dann rechts nach **Grüenau**, 836 m; von Urnäsch ½ Std. Auf der Straße 200 m, dann rechts erneut über die Urnäsch. Links halten, in etwa 5 Min. zum nächsten Steg. Vor dem Kieswerk rechts auf breiten Weg. Der Säntis rückt ins Blickfeld. Nach ¼ Std. unterhalb eines Bauernhofes links halten, nun auf grasigem Weg zum Urnäschsteg, der zur Straße führt. Rechts, vorbei am **Restaurant Hüsli**, in ¼ Std. zum **Gasthaus Rossfall**, 944 m.

Ausblick vom Spitzli zum Säntis.

Weiter noch 150 m auf der Straße. Links über die Urnäsch und anschließend rechts halten, vorbei an Gmeinflüeli, 927 m, in 1/4 Std. zu einem Bachtobel. Über die Brücke, vorbei an Nagelfluhfelsen auswärts zur Tosbachbrücke. Unmittelbar vor dem Steg scharf links (nicht auf dem breiten Weg!) und auf dem Pfad ansteigend. Nach 25 Min. rechts unterhalb dem malerischen Gerstengschwend, 1118 m, vorbei. An der Weggabelung links, über die Wiesen hoch, nach 1/2 Std. zwei Hütten passieren und in 25 Min. zum stumpfen, halbmondförmigen Kammrücken über der Petersalpmulde. Abschließend links in 1/4 Std. auf den **Gipfel des Spitzli**, 1520 m; von Urnäsch etwa 3 1/2 Std.

Der Abstieg: Am Kamm, in dessen Ostflanken Nagelfluhfels eingelagert ist, abwärts zu zwei Hütten. Unterhalb in den Wald. Etwa 10 Min. später weglos über die Wiesen in etwa 5 Min. zu den Alphütten **Guggeien**, 1133 m. Geradeaus, die nächste Hütte links passieren, durch ein Waldstück, worauf man sich links hält. Auf einer Brücke rechts über den Dürrenbach zum Sträßchen, das sich links nach Grüenau senkt, von wo es nur mehr 25 Min. nach **Urnäsch** sind.

5 Hochalp, 1522 m

Überschreitung des Nagelfluhberges

Bruggerenwald – Nasen – Hochalp – Bruggerenwald

Ausgangspunkt: P. 1194 im Bruggerenwald, südwestlich (5 km) von Urnäsch. Die Zufahrtsstraße zweigt in Geren (800 m südlich der Kirche Urnäsch) von der Schwägalpstraße ab.
Parkmöglichkeit: Bei der Holzhütte.
Gehzeiten: P. 1194 – Hochalp 1 Std., Hochalp – P. 1194 ¾ Std. Insgesamt 1¾ Std.

Anforderungen: Unschwierige Wege.
Höchster Punkt: 1522 m, Hochalp.
Einkehrmöglichkeiten: Gasthaus Hochalp.
Sehenswert: Prachtvolle Aussicht von der Hochalp zum Alpstein, an klaren Tagen bis zu den Viertausendern der Berner Alpen (Westen) sowie zum Hegau mit dem Randen (Norden).

Die Hochalp zählt mit ihren 1522 Metern zu den höchsten Nagelfluhbergen des Alpsteins. Nagelfluh tritt nur im Schweizer und süddeutschen Alpenvorland zu Tage und erscheint, näher betrachtet, dem geologischen Laien als eine Art gepreßtes Kieselgestein.

Ähnliches ergibt die wissenschaftliche Analyse: Kalkgeröll (oder kristallines Geröll), durch Sandstein verbunden, entstanden im Tertiär – also frühestens vor zwei Millionen Jahren – in Schichtfolgen aus Trias- und Jurakalken.

Das Erdzeitalter Tertiär, das vor rund 65 Millionen Jahren begann, war tektonisch gekennzeichnet durch starken Vulkanismus, den Einbruch des Mittelländischen Meeres und bewirkte die Entstehung der großen Faltengebirge.

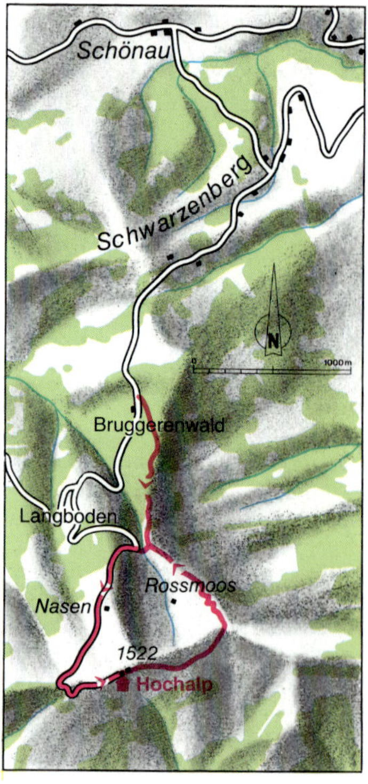

Der Anstieg: Ostwärts zur nahen Wegekreuzung (Grillplatz). Rechts, mit breitem Weg bergan durch den Wald, später an seinem Rand entlang. Nach insgesamt 20 Minuten öffnet sich im Vorblick die große,

Hochalp von Norden, vom Anstieg oberhalb des Rötelbaches.

nagelfluhgekrönte, am Auslauf sumpfige Erosionsmulde von Rossmoos. Auf der Kammhöhe zeigt sich bereits die Hochalp. Der Rötelbach wird rechts auf einem Holzsteg überschritten. Hoch zum geteerten Fahrweg, auf dem es weiter bergan geht in ¼ Std. nach **Nasen**, 1384 m. Dort links ab, dann rechts, in der Westflanke eines stumpfen Grasrückens in ½ Std. hinauf zum **Berggasthaus Hochalp**, 1521 m, mit der versprochenen Aussicht. Hier findet alljährlich am 25. Juli eine vielbesuchte Jakobifeier statt.

Der Abstieg: Östlich in genußvoller Höhenwanderung an dem auf der Nordseite mit Nagelfluhfels bewehrten Kamm; leider nur etwa 10 Min. Dann hält sich die Route nämlich vor dem Kulminationspunkt der Hochalp, 1528 m, einer Graskuppe, links, quert deren Nordwestflanke (die Kuppe kann natürlich auch „mitgenommen“ werden!) und senkt sich am östlichen, breiten Begrenzungsrücken des Erosionstrichters, in welchem der Bergbauernhof **Rossmoos** liegt. Nach knapp ½ Std. stößt man wieder auf den bekannten Herweg.

6 Spicher, 1520 m

Von Rossfall

Rossfall – Ober Chenner – Älpli – Spicher – Grosschräzeren – Tosbach – Gmeinflüeli – Rossfall

Ausgangspunkt: Rossfall, 944 m, Gasthof im Tal der Urnäsch, an der 1935 fertiggestellten Schwägalpstraße von Urnäsch (5 km, nächster Bahnhof). Busverbindungen von Urnäsch und Schwägalp. Montag geschlossen, ab September auch Dienstag.
Parkmöglichkeit: Am Gasthof.
Gehzeiten: Rossfall – Ober Chenner 1½ Std., Ober Chenner – Älpli ½ Std., Älpli – Spicher ¾ Std., Spicher – Tosbach ¾ Std., Tosbach – Rossfall 20 Min. Insgesamt etwa 3¾ Std.
Anforderungen: Unschwieriger Spaziergang.
Höchster Punkt: 1520 m, Spicher.
Einkehrmöglichkeiten: Keine.
Sehenswert: Am Montag nach Jakobi (25. Juli) traditioneller Sennenball. Aussicht vom Spicher.

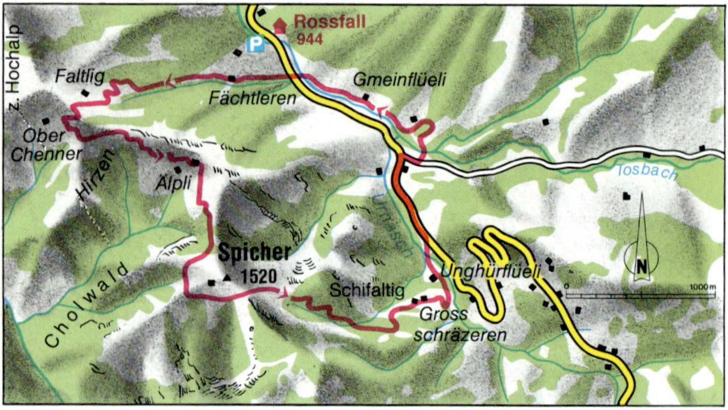

Der Anstieg: Vom Gasthaus auf der Schwägalpstraße 150 m talein. Gegenüber dem Urnäschsteg rechts und gleich steil bergan, am Waldrand in westliche Richtung, unterhalb des Hofes Fächtleren vorbei, parallel zum Bachlauf. Nach insgesamt etwa 1¼ Std. an der Gabelung nicht geradeaus (Alphütten Faltlig), sondern kurz links, dann rechts über die Wiesen in ¼ Std. zur Einsattelung, 1395 m, bei **Ober Chenner**. Scharf links (rechts auf die Hochalp, 20 Min.) in die Südwestflanke von P. 1427. Linkshaltend um die Kuppe herum – rechts unten liegt Ober Hirzen – zu einem Kammsattel. Ab dem Hüttchen halbrechts, nun die Hänge von P. 1434 östlich traversieren zum Älpli, 1361 m. Hier schwenkt die Route in Südrichtung ein.

Appenzeller Vorland nördlich des Säntis.

Zunächst im Grashang, dann durch Wald und in die Westflanke des Spicher, dessen Kuppe man ebenfalls linkshaltend umgeht, bis der Weg links zur **Spicheralp** abzweigt, von der man mühelos den höchsten, aussichtsreichen Punkt des **Spicher**, 1520 m, gewinnt. Hier verläuft die Grenze der Kantone Appenzell und Toggenburg. Von Rossfall 3 Std.
Zurück zum Hangweg, der sich kurz darauf teilt. Geradeaus unterhalb des Grates. Anschließend durch den Wald des Schifaltigtälchens zur Bachbrücke, 1221 m. Jenseits noch eine Weile im Wald. Später über Wiesen von Grosschräzeren, 1111 m. Kurz danach an der Wegeteilung scharf links, unterhalb von Unghürflüeli zur Brücke über die junge Urnäsch. An der Wegegabel geradeaus noch gute 5 Min. an der Urnäsch entlang und hinauf zur Schwägalpstraße. Links, nach 250 m scharf rechts. Kurz darauf links zum Tosbach, 985 m. Nach dem Steg links, an Nagelfluhfelsen vorbei.
Gleich nach der Tobelbrücke links in den Pfad einschwenken und über **Gmeinflüeli** in ¼ Std. zum **Rossfall**.

7 Säntis, 2503 m

Von Schwägalp

Schwägalp – Tierwis – Girensattel – Blauschneelücke – Säntis

Ausgangspunkt: Schwägalp, 1352 m, am Nordwestfuß des Säntis, Endpunkt der gleichzeitig mit der Säntisbahn 1935 fertiggestellten Straße von Urnäsch (11 km); Busverbindungen.
Parkmöglichkeit: Schwägalp.
Gehzeiten: Schwägalp – Tierwis 1¾ Std., Tierwis – Girensattel 1¼ Std., Girensattel – Säntis 25 Min. Insgesamt 3½ Std. Aufstieg. Abstieg etwa 2¼ Std. Zusammen etwa 5¾ Std. Durch die Seilbahn kann die Tour erheblich verkürzt werden; erste Gondel 7.30 Uhr.

Anforderungen: Tour in hochalpinem Gelände. Trittsicherheit und Schwindelfreiheit Voraussetzung; stellenweise drahtseilgesichert. Nur bei guten Verhältnissen! In Tierwis die Verhältnisse am Gipfelstock erfragen!
Einkehrmöglichkeiten: Gasthäuser in Tierwis, Säntis, bewirtschaftet von Pfingsten bis Ende Oktober, das Säntis-Hotel ganzjährig.
Sehenswert: Ab Tierwis großartige alpine Szenerien. Umfassende Ausblicke vom Säntis.

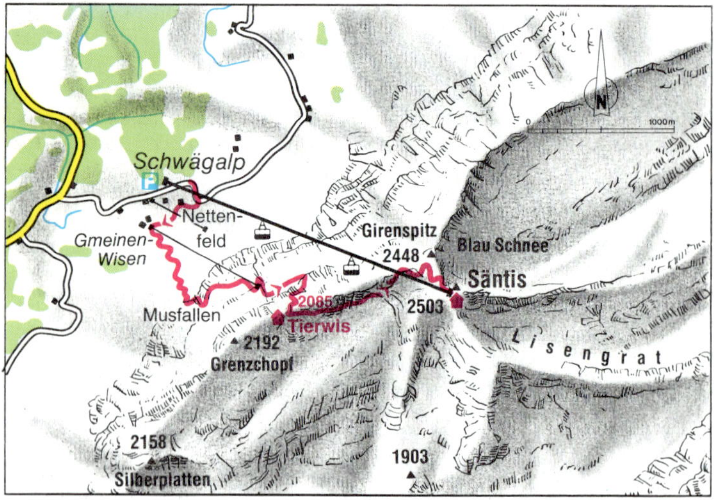

Der Säntis markiert den höchsten Gipfel der gleichnamigen Gruppe und gehört zu den Glarner Alpen. Das Wetter-Observatorium arbeitet seit 1882, war aber bis 1887 im Gasthaus eingerichtet, das der Meglisalpwirt Josef Anton Dörig im Jahre 1868 geschaffen hatte. Die erste Unterkunft, ein primitives Hüttchen, war das Werk von Jakob Dörig, Ratsherr zu Brülisau.

Säntis von Osten mit dem Lisengrat.

Der Anstieg: Die gelbe Tafel am Parkplatz, beim Selbstbedienungslokal, erklärt unmißverständlich: Tierwis/Säntis. Der Straße ca. 100 m südlich folgen. An der Linkskurve rechts ab und über Nettenfeld zu den **Gmeinen-Wisen-Hütten**, 1350 m. Dort links halten, kehrenreich hinauf in ½ Std. an den Nordwestabsturz des Grenzchopfs. Linkstraverse zum Einstieg in die „Musfallen".

Mit Hilfe von Drahtseilen wird die schluchtähnliche Kluft im Zickzack bewältigt. Etwa 20 Min. später beginnt auf dem Terrassenband unter der Felsbarriere („In den Schnüren") eine waagrechte Linksquerung, etwa 250 m. Am Ende der Felsen (1939 m) biegt man mit dem „Ellenbogen" scharf rechts und erreicht nach knapp ½ Std. das **Berggasthaus Tierwis**, 2085 m, in luftiger Position.

Links (nordöstlich) kurz am Grat des Grenzchopfes, dann getreu der roten Farbzeichen in seiner felsigen Südostflanke, die Seilbahn unterschreitend, zum größten Karrenfeld des Alpstein. Auf die Markierungen achtend, durch das Gewirr aus Blöcken, Trichtern und Spalten. Anschließend auf steiler Zickzackspur empor in den **Girensattel** (links der Girenspitz, 2448 m) und rechts in die **Blauschneelücke**, 2397 m; unterhalb lagert der kleine Blauschneegletscher. Zum Schluß leitet eine Felsentreppe (Drahtseile) bzw. ein Stollen vollends hoch auf den Säntis, 2503 m.

Abstieg: Wie Aufstieg.

8 Lisengrat

Vom Säntis in den Rotsteinpaß

Säntis – Chalbersäntis – Rotsteinpaß

Talort: Schwägalp, 1352 m, am Nordfuß des Säntis, Endpunkt der gleichzeitig mit der Säntis-Seilbahn 1935 eröffneten Straße von Urnäsch (11 km); Busverbindungen. Hotel; Selbstbedienungsbüffet.
Parkmöglichkeit: Schwägalp; an schönen Sonn- oder Feiertagen zeitweise überfüllt.
Ausgangspunkt: Säntis, 2503 m, höchster Alpsteingipfel. Seilbahn von Schwägalp; erste Gondel 7.30 Uhr. Hotel und Berggasthaus.
Gehzeiten: Säntis – Rotsteinpaß 1 Std., Rotsteinpaß – Säntis 1¼ Std. Insgesamt etwa 2¼ Std.
Anforderungen: Trittsicherheit und Schwindelfreiheit. Stellenweise sind drahtseilgesicherte Stellen zu bewältigen.
Höchster Punkt: 2503 m, Säntis.
Einkehrmöglichkeiten: Hütte am Rotsteinpaß; bewirtschaftet von Pfingsten bis Ende Oktober.
Sehenswert: Anhaltende Ausblicke vom Lisengrat. Um den Rotsteinpaß sind manchmal Steinböcke zu sehen!

Das Säntis-Observatorium arbeitet seit 1882, war aber bis 1887 im Gasthaus – „Grand Hotel Dörig" – untergebracht, das der Meglisalpwirt Josef Anton Dörig im Jahre 1886 geschaffen hatte. Die erste Unterkunft überhaupt, ein primitives Hüttchen, war 1846 das Werk von Jakob Dörig, Ratsherr von Brülisau. Die Anlagen der Post stammen aus den siebziger Jahren

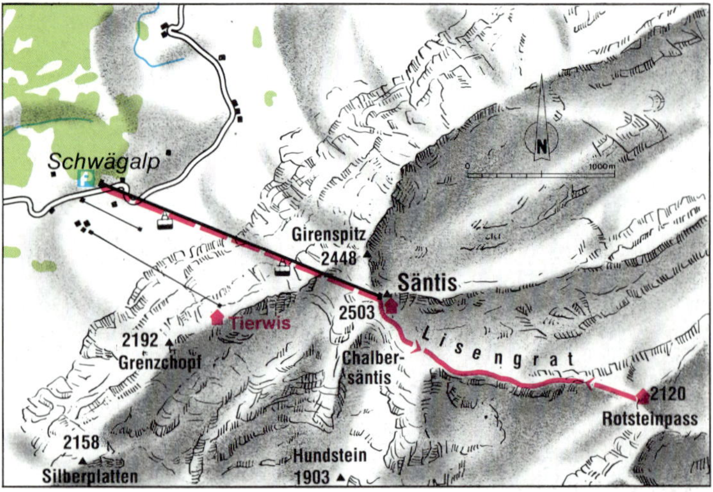

Der Lisengrat mit dem Säntis im Hintergrund.

des 20. Jh. 1973/74 wurde auch die alte Seilbahn durch eine moderne Anlage ersetzt.

Der Abstieg: Vom alten Säntis-Gasthaus, das etwas unterhalb des Gipfels steht, geht es zum Auftakt mit einem schmalen Felsenweg (Sicherungen) zu einer Grateinsenkung. Es folgt ein Felsaufschwung, der durch künstliche Tritte und ein Drahtseil entschärft ist. Danach abwärts auf dem breiten Rücken des Chalbersäntis, wobei die Rechtsabzweigung (Schafboden – Unterwasser) unberücksichtigt bleibt. Weiter unten erwartet uns eine luftige, jedoch sehr gut gesicherte Felsquerung.

Danach kurzer Gegenanstieg (Sicherung). Anschließend senkt sich der Weg endgültig. Zunächst noch ziemlich steil (gesichert) – den Vorblick beherrscht im Südosten der Altmann – und schließlich flacher zur Hütte am Rotsteinpaß, 2120 m, über dem sich die Fliswand aufbäumt.

(Der Aufstieg zum Altmann, 2368 m, durch die Fliswand, der von hier aus angegangen werden kann, ist stellenweise gesichert; am Gipfel leichte Kletterei; vom Rotsteinpaß ca. 1 Std.; s. Tour 35).

Rückweg: Wie Herweg.

9 Kronberg, 1663 m

Überschreitung von Jakobsbad

Jakobsbad – Kronberg – St. Jakob – Scheidegg – Jakobsbad

Talort / Ausgangspunkt: Jakobsbad, 869 m, an Straße und Bahnstrecke Appenzell (7 km) – Urnäsch (4 km), zwischen Kronberg und Hundwiler Höhi. Restaurant. Campingplatz.
Parkmöglichkeit: Parkplatz Kronbergbahn, 100 m östlich des Restaurants.
Gehzeiten: Jakobsbad – Kronberg 2½ Std., Kronberg – Jakobskapelle 25 Min., Jakobskapelle – Scheidegg ¼ Std., Scheidegg – Jakobsbad 1¾ Std. Insgesamt 4 Std. Bei Benützung der 1964 eröffneten Seilbahn verkürzt sich die Tour dementsprechend; erste Gondel sonntags 7.30 Uhr, sonst 8.30 Uhr.
Anforderungen: Unschwierig.
Höchster Punkt: 1663 m, Kronberg.
Einkehrmöglichkeiten: Kronberg, Scheidegg.
Sehenswert: Berühmte Kronberg-Aussicht zum Alpstein, welcher im Säntis gipfelt. Von Osten nach Westen: Ebenalp, Schäfler, Altenalptürme, Hängenten mit dem davorstehenden bildgetreuen Öhrli, Hüenerberg, Gyr und Säntis. Weiter rechts sieht man die Glarner Berge mit Glärnisch und Tödi. Bis zum Schwarzwald reicht die Schau, zum Bodensee sowie nach Bayern und Vorarlberg.

Der Anstieg: Am Ostrand des großen Parkplatzes zum Bahnübergang. Nach 500 m rechts am Campingplatz vorbei und weiter auf dem asphaltierten Fahrweg zur Bachbrücke, 902 m; vom Parkplatz ¼ Std.
Rechts über die Brücke und spürbar bergan durch den Wald zu Wiesen. Schotz, 980 m, bleibt links liegen. Kurz nach dem zweiten Waldstück an der Gabelung links, an der nächsten rechts und über zwei Bachläufe. 10 Min. nach der Seilbahn, im Kronbergwald zwischen zwei Bächen, links.

Appenzeller Land nördlich des Kronberges.

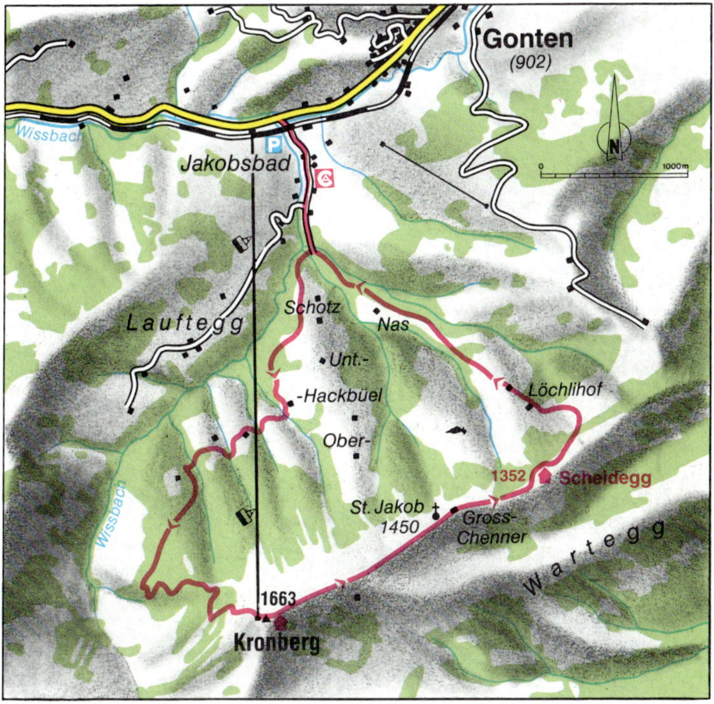

In 10 Min. zu einem Unterstandshüttchen. Stellenweise ziemlich steil durch den Wald, gemäß der gelben Farbzeichen und vereinzelter Wegweiser. Die Route schwenkt aus der Südwestrichtung links in Ostrichtung ein. Zuletzt über einen ausgeprägten Wiesenrücken in 5 Min. zur Seilbahn-Bergstation. Um sie rechts herum, dahinter an der Gaststätte vorbei zum nahen Gipfel des Kronbergs, 1663 m.

Der Abstieg: Über den grasigen Kammrücken schwach nordöstlich in knapp ½ Std. zur weißgestrichenen, dem hl. Jakob geweihten Kapelle, 1450 m. Über die Alphütten **Gross Chenner**, 1432 m, in 10 Min. zum Gasthaus Scheidegg, 1352 m. Kurz danach wird der breite Weg halblinks verlassen. Die gelben Markierungen leiten durch ein Waldstück. Danach spitzwinkelig links, an einer Waldecke vorbei, hinunter zum **Löchlihof**, 1128 m; 1 Std. vom Kronberg. Auf dem Fahrweg zum vertrauten Herweg.

10 Höhenweg nach Urnäsch

Vom Kronberg

Kronberg – Dorwees – Hoch-Petersalp – Dürrenspitzli – Herrendürren – Zimmermanns-Lauftegg – Oberhaumösli – Bürgerheim – Urnäsch

Talort: Jakobsbad, 869 m, an Straße und Bahnstrecke Urnäsch (4 km) – Appenzell (7 km), zwischen Kronberg und Hundwiler Höhi. Restaurant. Campingplatz.
Parkmöglichkeit: Parkplatz Kronbergbahn, 100 m östlich des Restaurants.
Ausgangspunkt: Kronberg, 1663 m, ganzjährig geöffnetes Berggasthaus; Seilbahn von Jakobsbad; erste Gondel sonntags 7.30 Uhr, sonst 8.30 Uhr. Zu Fuß von Jakobsbad 2½ Std. S. Tour 9.
Gehzeiten: Kronberg – Alp Dürrenspitzli ¾ Std., Alp Dürrenspitzli – Urnäsch 1 Std. Insgesamt etwa 1¾ Std. Rückfahrt mit der Appenzeller Bahn.
Anforderungen: Unschwierig.
Höchster Punkt: 1663 m, Kronberg.
Einkehrmöglichkeiten: Unterwegs keine.
Zielort: Urnäsch, 832 m, s. Tour 4.
Sehenswert: Aussicht vom Kronberg s. Tour 9. Sehenswürdigkeiten in Jakobsbad und Urnäsch s. Wissenswertes.

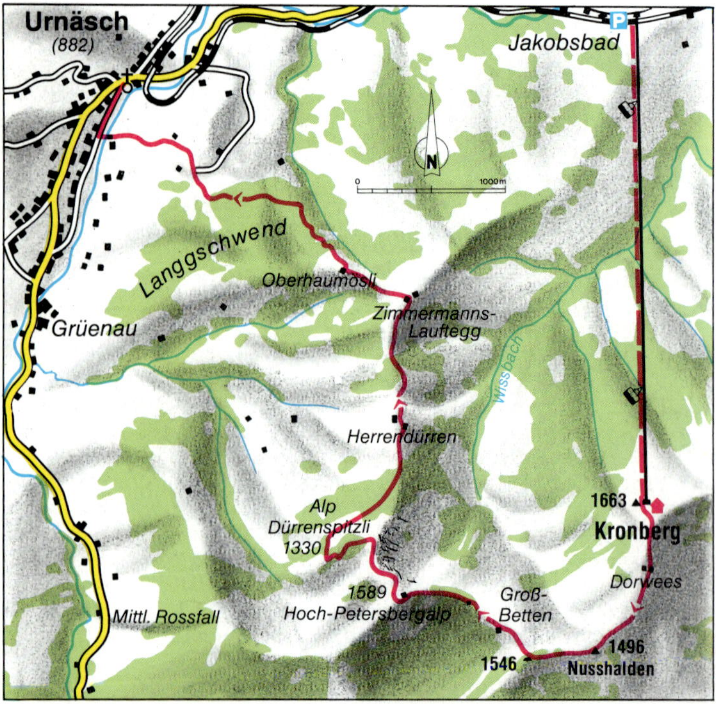

Über dem Tal von Urnäsch wachen die Bastionen des Säntis.

Der Wegverlauf: Vom Berggasthaus zum Südrücken des Kronberges, auf dem man zunächst nach **Dorwees**, 1576 m, absteigt. Weiter am grasigen Kamm, an der Gabelung halbrechts in den Sattel, 1496 m, wo ein Stein die Grenze Innerrhoden/Außerrhoden markiert. Westlich der Einsattelung erfolgt ein Gegenanstieg in 10 Min. zu P. 1546, einem Bestandteil des Kamm-Halbrundes fast 500 m über dem Tal der Urnäsch, wohin sich die Hänge des Bretterwaldes neigen. Auf dem Kamm weiter, nun absteigend, vorbei an den Hütten von **Gross Betten**, und wieder bergauf, etwa ½ Std. Dann ist die **Hoch-Petersalp**, 1589 m, erreicht. Nördlich weist der Kamm schroffe Nagelfluh-Abstürze auf. An diesen Kamm hält sich die Route, das heißt, sie verläuft links etwas unterhalb des Grates in leichtem Gefälle bis vor einen Nagelfluh-Felsriegel. Er zwingt zum Linksknick. Durch ein lichtes Waldstück hinunter zur **Alp Dürrenspitzli**, 1390 m; vom Kronberg ¾ Std. Jetzt gilt Richtung Nordnordost: Über die Wiesen in den Wald und dort weiter abwärts. Beim unteren Waldrand erwartet uns der langgestreckte Laufteggkamm, der für eine Zeitlang, etwa ¼ Std., unser Tun bestimmt: über **Herrendürren**, 1217 m, nach **Zimmermanns-Lauftegg**, 1217 m. Dort wird der Kamm links (westlich) verlassen. Etwa 10 Min. später sind wir am Hof **Oberhaumösli**, 1107 m, auf einer inselähnlichen, waldgesäumten Graskuppe. Vor dem Haus rechts über die Wiese in den Wald Langgschwend. Nach ¼ Std. an der Wegeteilung links halten, noch etwa 10 Min. im Wald, dann rechtshaltend hinunter zum Bürgerheim, 915 m. Das Fahrsträßchen rechts bleibt unberücksichtigt. Wir gehen geradeaus, bzw. schwach linkshaltend, durch die Wiesenmulde zur Urnäschbrücke. Jenseits rechts in 5 Min. zur Kirche am malerischen Dorfplatz von **Urnäsch**.

11 Hundwiler Höhi, 1306 m

Von Gonten

Gonten – Göbsi – Hundwiler Höhi – Ochsenhöhi – Gonten

Talort/Ausgangspunkt: Gonten, 902 m, im Hochtal südlich der Hundwiler Höhi zwischen Appenzell (5 km) und Urnäsch (6 km) an Straße und Appenzeller Bahn; auch Postbusse.
Parkmöglichkeit: Bei der Kirche.
Gehzeiten: Gonten – Göbsi ¾ Std., Göbsi – Hundwiler Höhi ¾ Std., Hundwiler Höhi – Ochsenhöhi ¼ Std., Ochsenhöhi – Gonten ¾ Std. Insgesamt etwa 2½ Std.
Anforderungen: Unschwierige, bezeichnete Wanderung.
Höchster Punkt: Hundwiler Höhi, 1306 m.
Einkehrmöglichkeit: Hundwiler Höhi.
Sehenswert: Am südwestlichen Ortsrand, neben der Straße die Lorettokapelle. Von der Hundwiler Höhi weitgreifende Ausblicke, über die Halbkantone Inner- und Außerrhoden, bis zum Pilatus, auf die Glarner Alpen, zum Schwarzwald, über die Hügel des Zürcher Oberlandes, das Thurgau, den Bodensee, und natürlich zu dem südlich hinter dem Kronberg dominierenden Alpstein.

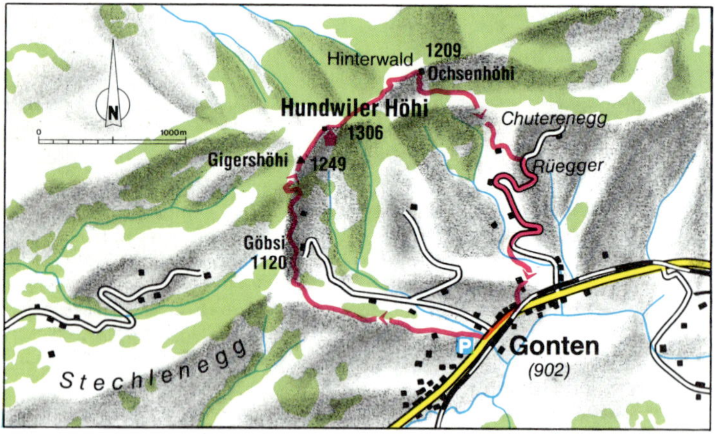

Der Anstieg: Gegenüber der 1972 grundlegend restaurierten Kirche St. Verena, rechts neben der Spezialitäten-Metzgerei Wetter, geht es bergan (nicht auf dem Teersträßchen), dem gelben Wegweiser folgend. Die Spur hält sich an den stumpfen Wiesenrücken in Westrichtung. Rechts an Oberberg vorbei, entsprechend dem mehr oder weniger ausgeprägten Weglein zur Göbsi, 1120 m, an der Grenze Innerrhoden/Außerrhoden, deren Verlauf bis zum Säntis im Jahre 1851 neu bestimmt wurde; von Gonten ¾ Std.

Rückblick am Abstieg von der Hundwiler Höhi, oberhalb von Gonten.

An dieser Grenze geht es nun rechts entlang, auf dem oberen Pfad, um die Kuppe P. 1129 herum. Aus dem Wiesensattel an der Wegegabel rechts hinauf zum Waldrand (Rastbank) und anschließend merklich steiler in etwa 20 Min. zur **Gigershöhi**, 1249 m. Kurz danach rechtshaltend, in 10 Min. vollends hoch zum Gasthaus knapp unterhalb des Gipfels der **Hundwiler Höhi**, 1306 m, dem Kulminationspunkt der Voralpen. Hier wurde 1747 der letzte Luchs des Appenzeller Landes erlegt; von Gonten 1½ Std.

Der Abstieg: Von der Kuppe am Kamm bzw. der Halbkantone-Grenze durch lichten Wald und über Wiesen nordostwärts steil hinunter in ¼ Std. zur **Ochsenhöhi**, 1209 m. Der Wegweiser zeigt rechts in Richtung Gonten: auf breitem Weg absteigen zum geteerten Höfesträßchen, das oberhalb des Anwesens Rüegger betreten wird. Auf ihm weiter, Bauernhöfe zurücklassend (Abkürzungen nicht empfehlenswert!), noch etwa 20 Min. auf dem Sträßchen, bis rechts an einem hölzernen Leitungsmast die gelbe Tafel nach Gonten weist, wodurch die Straße gemieden wird: mit dem Graspfad über das Bächlein, ein letztes Mal aufwärts. Abschließend über Los zur Bäckerei Motzer an der Durchgangsstraße.

12 Um Kloster Wonnenstein

Enklave von Innerrhoden

Wonnenstein – Rotbach – Hinterhaslen – Rotbach – Gmünden – Wonnenstein

Ausgangsort: Wonnenstein, 782 m, Kloster westlich (2,5 km) von Teufen, 400 m von der Autostraße entfernt. Von der Bahnstation zu Fuß 20 Min.
Parkmöglichkeit: Vor dem Kloster Wonnenstein.
Gehzeiten: Kloster – Rotbach 10 Min., Rotbach – Halten $^1/_4$ Std., Halten – Rotbach $^1/_4$ Std., Rotbach – Gmünden $^1/_4$ Std., Gmünden – Wonnenstein $^1/_4$ Std. Insgesamt knapp $1^1/_4$ Std.
Anforderungen: Unschwierig; bei Nässe stellenweise unangenehm.
Höchster Punkt: 790 m, beim Kloster.
Einkehrmöglichkeit: Keine (bzw. 250 m nördlich von Gmünden an der Straße).
Sehenswert: Franziskanerinnen-Kloster Mariä Rosengarten, 1228 gegründet. Die heutige, von Mauern umgürtete Anlage, in welcher 21 überwiegend ältere Nonnen leben (1990), entstand zwischen 1685 und 1688 durch Josef Moosbrugger und Christian Zünd und stellt ein seltenes Beispiel hochbarocker Kapuziner-Architektur dar. Am linken Seitenaltar das 1834 vom St. Gallener Abt Cölestin geweihte Gnadenbild, eine Kopie der Gnadenmutter zu Maria Einsiedeln; unter der Nonnen-Empore befindet sich das Laienschiff.

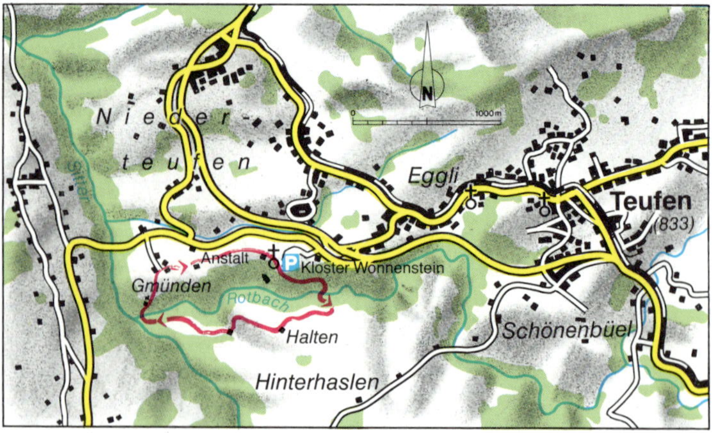

Der Weg: An der westlichen Klostermauer wandert man auf einem Wiesenpfad zum nahen Hangwald. Hier geht es links abwärts über die Wiese und anschließend im Wald steil hinunter zum Steg über den **Rotbach**. Steiler Gegenanstieg zum Waldrand vor den Fluren von **Hinterhaslen**. Hier rechts auf schmaler Spur etwa 250 m am Wald- bzw. Tobelrand entlang,

dann linkshaltend durch Wiesen zu einem Bauernhof von **Halten**. Südwestlich sieht man die hochgelegene Ortschaft Stein.
Rechts, jetzt mit einem Fahrweg bis vor den Tobelrand und links zum Hof Auen. Hier wird der Fahrweg rechts verlassen. Weiter am mischwaldgesäumten Hochuferrand, bis die Spur halbrechts in den steilen Hangwald eindringt. Abwärts zum Rotbachsteg, 635 m, unweit der Sittermündung. Erneut steil bergan durch den Wald in 10 Min. zu Viehweiden. Anschließend zum Gebäudekomplex der Gefängnis-Anstalt Gmünden, 705 m. Vor dem Brunnentrog (Jahreszahl 1943) geht es rechts, mäßig bergan in Ostrichtung. An der nächsten Weggabel geradeaus und in 10 Min. zurück zum Kloster.

Kirche des Klosters Wonnenstein.

13 Teufen

Zum Eggen-Höhenweg

Teufen – Schlössli – Wetti – Waldegg – Schäflisegg – Teufen

Ausgangsort: Teufen, 833 m, Luftkurort im Appenzeller Voralpenland, südlich (6 km) von St. Gallen. Bahnhof, Postbusse.
Parkmöglichkeit: Bei der Kirche.
Gehzeiten: Teufen – Gasthof Bären ½ Std., Gasthof Bären – Schlössli 25 Min., Schlössli – Wetti ¼ Std., Wetti – Waldegg 20 Min., Waldegg – Schäflisegg 35 Min., Schäflisegg – Teufen ¼ Std. Insgesamt etwas mehr als 2¼ Std.
Anforderungen: Unschwierig.
Höchster Punkt: 1004 m, beim Hüslersegg.
Einkehrmöglichkeiten: Gasthaus Bären (Dienstag geschlossen), Waldegg (Donnerstag geschlossen), Schäflisegg (Montag, Dienstag geschlossen).
Sehenswert: S. Wissenswertes.

Der Wegverlauf: Auf der Ostseite der Kirche, an der Straßengabelung, geht es links abwärts durch die Hechtstraße (400 m). Sie mündet in die Hauptstraße. Mit ihr rechts, vorbei am Hotel zur Linde in 5 Min. zur Gaststätte Harmonie. Hier links über die Bahngleise, hinunter zur Goldibrugg und wieder aufwärts. Etwa 50 m nach dem Anwesen Schlatterlehn biegt man links ab zum Gasthaus Bären. Vor dem Gasthaus rechts. Über die nächste Kreuzung geradeaus und rechtshaltend um die Kuppe herum zu ihrem stumpfen Nordostrücken. Es folgt das Anwesen Chalberweid. Von

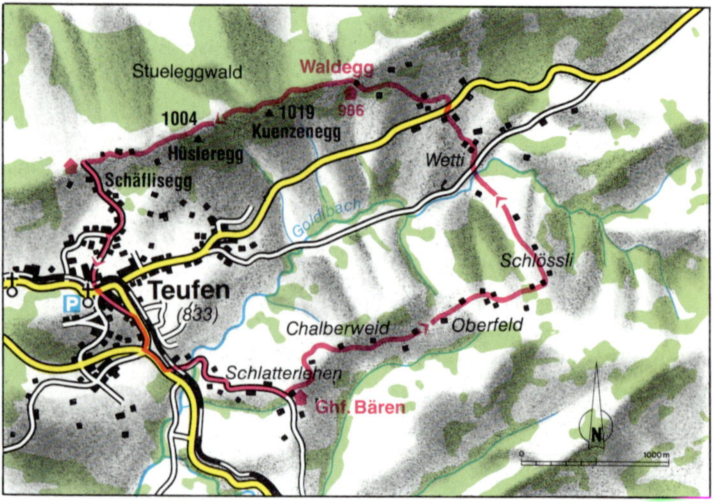

Teufen, ein Luftkurort im Vorland.

dort auf den Fahrweg in guten 5 Min. zum Sträßchen, das rechts nach Oberfeld leitet. Danach an der Gabelung halblinks, aufwärts zum Waldrand und an ihm entlang bzw. über die Wiese zum **Hof Schlössli**, 980 m. An der Kreuzung links nach Nordwesten. Der Abstieg verläuft fast geradewegs, passiert in Abständen drei Gehöfte und endet im Tal des Goldibaches bei der einstigen Mühle bzw. dem ehemaligen Gasthof Wetti, 861 m. Rechts durch die Unterführung. An der Gabelung links, über den Goldibach und auf der Hummelhaldenstraße hoch in 5 Min. zur Postbus-Haltestelle an der Straße Teufen – Speicher. Jenseits weiter ansteigen, jetzt mit der Straße in ¼ Std. zur ansehnlichen, herrlich gelegenen Ausflugsgaststätte **Waldegg**, 986 m; von Teufen 1½ Std. Westlich geht es rechts am Kinderspielplatz vorbei auf breitem Weg bergan in den Stueleggwald. Damit sind wir auf dem Eggen-Höhenweg, einem „Klassiker“ des voralpinen Appenzeller Wanderns. Er führt an der Waldkuppe des Kuenzenegg, 1019 m, rechts vorbei. An der Gabelung nach dem Verlassen des Waldes links halten, die Graskuppe P. 1016 links umgehen, an der Wegeteilung rechts, kurz danach links in die Nordflanke des Hüslersegg traversieren. Hier trennen uns nur mehr 10 Min. vom **Schäflisegg**, 965 m, einem Sattel im Kamm der Eggen, südlich oberhalb von St. Gallen.
Aus der Einsattelung links, südlich und dem Fahrsträßchen folgend hinunter nach Teufen.

14 Haslen

Zu Museum und Schaukäserei Stein

Haslen – Sitter – Niderstein – Stein – Uf Stein – Sagenhüsli – Haslen

Ausgangsort: Haslen, 740 m, Wallfahrtsort südwestlich (4 km) von Teufen auf einer östlichen Terrasse über der Sitter.
Parkmöglichkeit: Beim Friedhof und vor dem Gasthof Rössli, direkt neben der Kirche.
Gehzeiten: Haslen – Niderstein 50 Min., Niderstein – Stein 10 Min., Stein – Uf Stein 10 Min., Uf Stein – Sagenhüsli ½ Std., Sagenhüsli – Haslen 20 Min. Insgesamt etwa 2 Std.
Anforderungen: Unschwierige Wanderwege.
Höchster Punkt: 838 m, Uf Stein.
Einkehrmöglichkeiten: Gasthäuser in Niderstein (Dienstag und Mittwoch geschlossen), Stein, Sagenhüsli (Montag geschlossen).
Sehenswert: S. Wissenswertes.

Wegverlauf: Links neben dem Gasthaus Rössli mäßig abwärts, über die Ebni zum Uferwald. Dort senkt sich der Steig zur Sitterbrücke, 668 m. Mit der Sitter wird auch die Grenze Innerrhoden/Außerrhoden überschritten. Jenseits im Zickzack hinauf in 5 Min. zum westlichen Hochufer. Dort schwach rechtshaltend. Beim Bauernhof linkshaltend, erreicht man wenig später die Straße, die schräg links gekreuzt wird. Dann halbrechts weiter bergan. Vor den Garagen von Horgenbüel, 760 m, scharf rechts auf dem Wiesenweg hinauf zur Rastbank am Waldrand. Durch den schmalen Waldstreifen und nach **Niderstein**, 802 m, mit dem 1899 erbauten, im Originalzustand verbliebenen Gasthaus zur Brauerei. Die emporenähnliche Kan-

zel der „Geigenstuhl" im holzgetäfelten Festsaal, diente vier Musikern (1. und 2. Geige, Hackbrett sowie Cello oder Kontrabaß) als Podium. Gebraut wurde zwischen 1868 und 1910; von Haslen 50 Min.
Etwa 250 m zur Straße. Auf ihr links bergan in den Kurort **Stein.** Links der Kreuzung erwartet einen das sehenswerte Appenzeller Volkskunde-Museum; von Haslen 1 Std.
Ab der Südseite des Museums mit der Straße 500 m zum Aussichtsplatz **Uf Stein**, 838 m; Rastbänke. Eben und aussichtsreich weiter auf dem Sträßchen, vorbei an der Häusergruppe Langenegg, und abwärts zur einstigen Wirtschaft Sonder, 791 m. Sie besteht genau genommen aus drei Hausteilen. Wenig später an der Gabelung links. Beim Haus rechts zum nächsten Anwesen. Von dort geradeaus weglos über die Wiese zu einem Wegweiser. Links, durch den Wald, bei den Höfen von Halden die Rechtskurve des Fahrweges ausgehen und zur Straße. Schräg links gegenüber steht das Restaurant **Sagenhüsli**, 730 m; von Stein 40 Min. Rechts des Restaurants auf der Straße östlich in 10 Min. zur holzbedachten Listbrücke. Etwa 250 m danach scharf links. Am Hof **Büel** rechts und den gelben Markierungen folgend. Vom nächsten Hof geradeaus, abwärts in einen waldbestandenen Bachtobel. Hinauf zum Anwesen **Schopfen** und rechts nach **Haslen**.

Handweben im Appenzeller Volkskundemuseum.

15 Vögelinsegg

Höhenwanderung über die Eggen nach St. Gallen

Vögelinsegg – Birt – Waldegg – Schäflisegg – Fröhlichsegg – Rüti – Liebenegg – Riethüsli – St. Gallen

Ausgangspunkt: Vögelinsegg, 956 m, höchster Punkt der Trogenerbahn, zu Speicher gehörend, aussichtsreiche Kanzel (Hotel) an Straße und Bahnstrecke zwischen St. Gallen (6 km) und Speicher; 300 m von der Bahnstation Vögelinsegg.
Parkmöglichkeit: An der Straße am Vögelinsegg.
Gehzeiten: Vögelinsegg – Birt 20 Min., Birt – Waldegg ¾ Std., Waldegg – Schäflisegg ½ Std., Schäflisegg – Fröhlichsegg ¼ Std., Abstieg nach Liebenegg 20 Min., Liebenegg – Bus- und Bahnhaltestelle etwa 5 Min. Insgesamt etwa 2¼ Std.
Bemerkung: Von Riethüsli mit Bahn oder Bus nach St. Gallen-Hauptbahnhof.
Anforderungen: Unschwierig.
Höchster Punkt: 1004 m, am Hüslersegg.
Einkehrmöglichkeiten: Birt, Waldegg (Donnerstag geschlossen), Schäflisegg (Montag, Dienstag geschlossen), Riethüsli.
Sehenswert: S. Wissenswertes.

Der Wegverlauf: Vom Freiheits-Denkmal durch den Park zum alten Kurhaus. Davor links bergan, vorbei am Kurhaus Beutler und auf dem Fahrweg weiter. Nach 10 Min. an der Gabelung geradeaus zum Gasthaus **Birt**, 1025 m. Anschließend linkshaltend durch die Wiesenmulde und im hochstämmigen, pilzreichen Wald hinauf zur Grenze der Halbkantone, an welcher sich die gut beschilderte Tour schwach südwestwärts fortsetzt, abwärts in den Sattel bei **Oberhorst**, 987 m. Den Querweg kreuzen. Gegen-

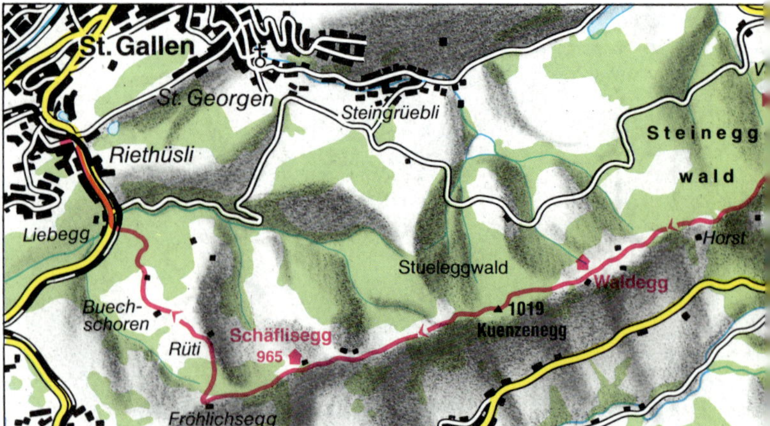

Das Denkmal am Vögelinsegg zur Erinnerung an die siegreiche Schlacht von 1403.

anstieg, und über **Üsser Egg** aussichtsreich zur Gaststätte **Waldegg**, 986 m; von **Vögelinsegg** etwa 1 Std. Westlich geht es rechts am Kinderspielplatz vorbei in den Wald und weiter auf dem Eggen-Höhenweg. Er führt an der Waldkuppe Kuenzenegg, 1019 m, rechts vorbei. An der Gabelung nach dem Verlassen des Waldes links halten, die Graskuppe links umgehen, an der Wegeteilung rechts, kurz danach links in die Nordflanke des Hüslersegg traversieren. Hier trennen uns nur noch 10 Min. Weges vom **Schäflisegg**, 965 m; von Vögelinsegg 1¾ Std.

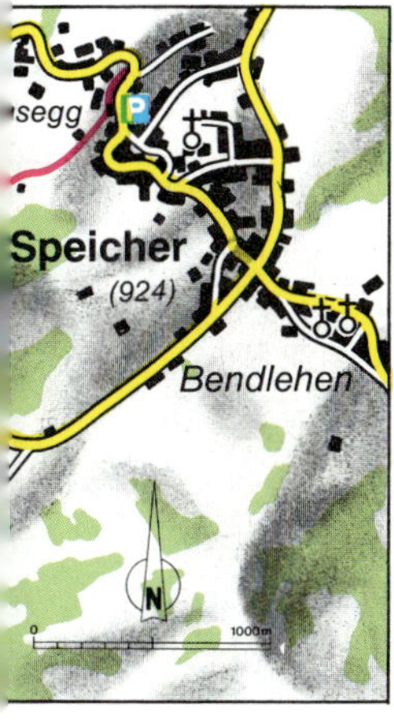

Letzter Anstieg: Westlich über die Waldkuppe **Fröhlichsegg**, 998 m, hinweg. An der Kreuzung gleich nach dem Waldaustritt wendet sich die Route rechts, hinunter nach Rüti, 929 m. An der Wegegabelung halten wir uns halblinks und gelangen mit dem Fahrweg über Buechschoren, Bilchen, Hütten in den Jonenwald.

Dort vollends abwärts zu den Häusern von **Liebegg**, 738 m. Rechts, neben der Straße her, 500 m zur Eisenbahn-Haltestelle Riethüsli, neben der Postbus-Haltestelle.

16 Buechen, 1130 m

Stille Wege um Speicher

Bendlehn – Neppenegg – Ebnet – Buechen – Neppenegg – Bendlehn

Ausgangsort: Bendlehn, 928 m, Ortsteil von Speicher, an Straße und Bahnlinie St. Gallen – Speicher – Trogen. Postbusse.
Parkmöglichkeit: Etwa 50 m südöstlich (Richtung Trogen) des Bahnhofs, gegenüber dem Bahnübergang.
Gehzeiten: Bendlehn – Ebnet 1 Std., Ebnet – Buechen – ½ Std., Buechen – Bendlehn ¾ Std. Insgesamt 2¼ Std.

Anforderungen: Unschwierige Wege.
Höchster Punkt: 1145 m, bei Buechen.
Einkehrmöglichkeiten: Buechen.
Sehenswert: Im nebelfreien Kurort Speicher klassizistische Pfarrkirche, 1808 – 1810 von Konrad Langenegger aus Gais erbaut, 1967 gründliche Innenrenovierung. Im „Moos" charakteristische Häuserreihe, angefangen vom späten 17. bis ins frühe 19. Jh.

Der Anstieg: Vom Bahnübergang (ca. 50 m südöstlich der Bahnstation) dem Fahrweg folgen, nach 150 m geradeaus über die Kreuzung. Der Hof Rörersbüel bleibt rechts liegen. Der Weg steigt an zu den beiden Kuppen, 1036 m und 1056 m, von **Neppenegg**. Erste umfassende Ausblicke: Speicher, dahinter der Bodensee; nordöstlich die vorderländischen Gemeinden Rehetobel und Wald sowie im Nahbereich das Kinderdorf Pestalozzi und Trogen; westlich über Teufen hinweg das Appenzeller Hinterland und Toggenburg.
Bei der Wegekreuzung weiter in Südrichtung, den Hang der Wiesenmulde

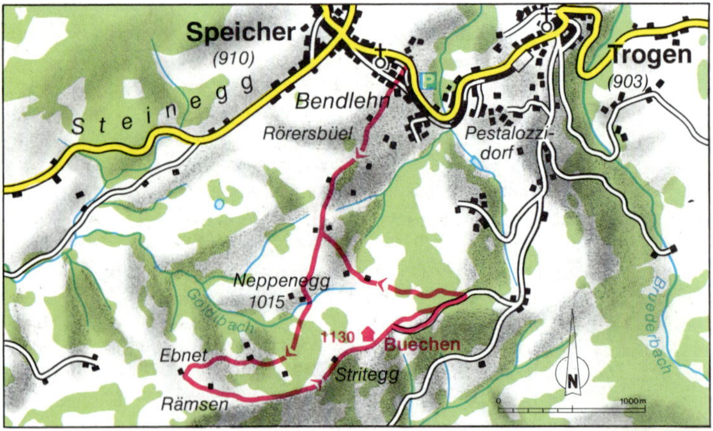

Rast auf Buechen und Ausblick zum Säntisstock.

queren, an einem Waldstückchen vorbei zum Goldibach. Am anderen Ufer schwach rechtshaltend, eine Zeit lang eben im Wald dahin. Der breite Weg schwenkt in Westrichtung und führt nach **Ebnet,** 1026 m, am Treffpunkt mehrerer Fahr- bzw. Wanderwege. Scharf links (östlich), dem nach Buechen zeigenden Wegweiser folgen. Zunächst in 10 Min. hinauf zum Anwesen **Rämsen.** Daran rechts vorbei, nun mit einem Wiesenweglein, kurz am Waldrand entlang, anschließend dem Hof Stritegg rechts ausweichend, vollends hoch zum **Gasthof Buechen,** 1130 m, einer großartigen Aussichtsloge bei zwei alten Buchen. Das Gasthaus fiel im Februar 1990 einem Blitzschlag zum Opfer, wurde aber mittlerweile erneuert.
Nun mit dem Fahrsträßchen über den hier schmalen Kamm. Entweder auf dem Sträßchen, oder (schöner) hinauf zum Stall auf der Kuppe P. 1145 und jenseits über Wiesen weglos wieder zum Sträßchen, das vom Wald aufgenommen wird. Nach 200 m (Hydrant) biegt man spitzwinkelig links ab. Vorerst noch im Wald auf breitem Weg, dann an seinem Rand und in der Folge geradeaus, die oberste Mulde des Säglibaches querend, vorbei an zwei Höfen zum vertrauten Weg am **Neppenegg.**

17 Gäbris, 1247 m

Loge der Voralpen

Trogen – Pestalozzidorf – Sand – Gäbris – Ruesitz – Sand – Trogen

Ausgangsort: Trogen, 903 m, Landsgemeindeort südöstlich (8 km) von St. Gallen, 13 km von Appenzell, 12 km von Altstätten. Endstation der Trogenerbahn (von St. Gallen); Postbusse.
Parkmöglichkeit: Im Ort, u. a. auf dem Landsgemeindeplatz.
Gehzeiten: Trogen – Sand 20 Min., Sand – Gäbris 1 Std., Gäbris – Gäbrisseeli 20 Min., Gäbrisseeli – Ruesitz 10 Min., Abstieg nach Trogen knapp 1½ Std. Insgesamt etwa 3¼ Std.
Anforderungen: Unschwierige Wege.
Höchster Punkt: 1251 m, kurz vor dem Gäbris.
Einkehrmöglichkeiten: Sand (Dienstag geschlossen), Gäbris (Donnerstag geschlossen), Unter Gäbris (Mittwoch geschlossen), Große Säge (Donnerstag geschlossen).
Sehenswert: Stattliche Herrschafts- und Patrizierhäuser in Gäbris.

Der Anstieg: Am oberen Rand des Landsgemeindeplatzes, rechts neben dem Dorfbrunnen, durch die steile Oberdorfgasse. Wenige Min. später, vor dem Haus Friedberg, scharf links, noch etwa 100 m ansteigend, dann eben. Den Querweg schräg rechts überschreiten. Rechts folgt das **Kinderdorf Pestalozzi,** für dessen Finanzierung rund 8000 Paten sorgen; vom Ausgangspunkt 10 Min.

Geradeaus, auf der Kuppe, 989 m, den Bauernhof Trüen passieren und hinunter zur Wirtschaft zum **Sand,** 983 m, an der Straße Trogen – Bühler; von Trogen 20 Min.
Die Straße überqueren. Der Weg führt östlich 300 m zu einer Kreuzung. Hier rechts, am Waldrand entlang zum Anwesen **Nistelbüel,** 1045 m. Die Richtung beibehalten. An der Gabelung halblinks, in die Ostflanke der Wiesenkuppe, 1118 m, und auf einem Wiesenweg zum Treffpunkt mehrerer Wege.

Hier mündet rechts der Zugang von Wissegg. Über die Kreuzung, gleich danach an der Wegeteilung halblinks und hinauf zur Waldspitze, an der es rechts vorbei über Viehweiden in den Wald geht. An der Gabelung rechts halten, einen Querweg kreuzen und hoch zur Waldkuppe P. 1251. Abwärts in eine Senke. Aus ihr in wenigen Min. zum Gasthaus **Gäbris,** 1247 m, auf dem vielgerühmten Aussichtsberg. Herausragend natürlich im Süden das mächtige Alpsteinmassiv mit dem schroffen Altmann und dem majestätischen Säntis.

Anschließend auf dem samstags (13.00 – 18.00 Uhr) und sonntags (8.00 – 18.00 Uhr) für Autos gesperrten Gäbrissträßchen hinunter nach **Unter Gäbris,** 1198 m. Etwa 10 Min. später träumt rechts das Gäbrisseeli, 1130 m, ein kleiner, künstlich gestalteter Moorsee mit drei Inselchen; Grillplatz; vom Gäbris 20 Min.

Wo sich das Sträßchen rechts nach Schwäbrig – Gais wendet, spaziert man aussichtsreich geradeaus in 10 Min. zum **Ruesitz,** 1142 m. Erst hier wird die Kammhöhe verlassen: scharf links und im Wald abwärts. Nach 10 Min. den Bruederbach überschreiten. Jenseits linkshaltend durch die langgestreckte Bachmulde der Grueb hinunter zur **Großen Säge,** 930 m; vom Gäbris etwa 1 Std. Erneut über den Bruederbach. Noch kurz auf dem Fahrweg, dann halblinks im Wald aufwärts und in 5 Min. zum bereits bekannten Herweg.

Typische Voralpenlandschaft in der Umgebung von Trogen.

18 Altstätten – Rüthi

Auf dem Rheintal-Höhenweg

Altstätten – Forst – Eichberg – Kristallhöhle – Kobelwald – Rüthi

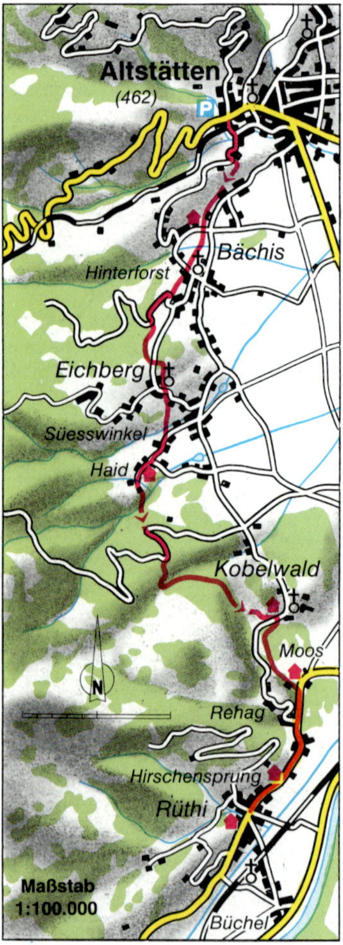

Ausgangsort: Altstätten, 462 m, auf der Westseite des Rheintalbodens. Von der Autobahn-Ausfahrt Kriessern (Grenze) 8 km, von Appenzell 17 km, von Gais 10,5 km. Gute Bahn- und Busverbindungen.
Parkmöglichkeit: Hintergärten, nahe der Appenzeller Bahn.
Gehzeiten: Altstätten – Kristallhöhle 2¼ Std., Kristallhöhle – Rüthi-Bahnhof 1½ Std. Insgesamt 3¾ Std. Rückfahrt mit der Bahn. Von Altstätten-Bahnhof Busverbindungen nach der Stadt.
Anforderungen: Unschwierig.
Höchster Punkt: 688 m, Tanzplatz.
Einkehrmöglichkeiten: Bächis, Eichberg, Kobelwald, Moos, Hirschensprung, Rüthi.
Zielort: Rüthi, 450 m, auf der Westseite des Rheintales.
Sehenswert: Altstätten s. Wissenswertes. – Kristallhöhle, geöffnet Ostern bis 31. Oktober sonntags 12.00 – 17.00 Uhr, 10. Juli bis 10. August täglich 12.00 bis 17.00 Uhr; ansonsten Telefon 071/78 19 77.

Der Wegverlauf: Vom Bahnhof Altstätten-Stadt der Appenzeller Bahn, bzw. beim Appenzeller Hof, in die Erlenstraße. Ab hier begehen wir den **Rheintal-Höhenweg** (Rorschach—Sargans, 115 km) auf einer Strecke von 15 km. An der Gabelung links, etwas später eine Straßenkurve abkürzen und zur spätmittelalterlichen Forstkapelle, 508 m. Abwärts, an der Linkskurve bei den Häusern geradeaus, in 10 Min. nach **Bächis.** Nach dem Brunnen geht es kurz rechts, dann links, an Schule und Kindergarten

vorbei. In **Brand,** 460 m, das Teersträßchen kreuzen. Jenseits über etliche Stufen und wieder auf schmalen Weg. Anschließend dem Sträßchen folgend, bergauf zum Anwesen **Strick,** 566 m. Dort die Straße links verlassen, rechts am Gehöft vorbei und vom Stadel die Wiese überqueren, den Bach kreuzen und hinunter zur Straße. Rechts, nach 100 m halblinks und zur Kirche von **Eichberg.** An der Straßendreiteilung, 529 m, links abwärts. Nach 250 m rechts ab. Es folgt **Oberau,** 480 m. Etliche Schritte links, dann rechts und in 5 Min. zum Gasthof Hirschen in **Hard.** Bergan zur Galluskapelle. Etwa 100 m danach beim Wassertrog links. Nun auf breitem Waldweg, bald ansteigend über Lichtungen, zum Treffpunkt mehrerer Wege: Wattwald, 570 m; von Oberau 25 Min.
Jetzt auf der Teerstraße weiter. Nach 250 m an der Gabelung beim Fuchsplatz (617 m, Unterstandhütte) geradeaus auf geschottertem Weg, über den klammähnlichen Kobelwieserbach und hinauf zum Tanzplatz, 688 m. Links in 5 Min. zur Kristallhöhle, 640 m; von Altstätten 2¼ Std. Hinunter zu den Häusern von Gruebach und nach Kobelwald, 518 m. Rechts auf der Straße talein, etwa 400 m. Nach der ersten Kreuzwegstation halblinks weiter, durch den Steigtobel. In **Moos,** 426 m, an der ersten Kreuzung rechts 250 m zur Autostraße. Rechts zu Füßen der felsigen Abstürze des Blattenberges in die gigantische Felsschlucht des Hirschensprunges. Durch die Ortschaft **Hirschensprung,** 426 m, und nach **Rüthi.**

In der Felsenschlucht des Hirschsprunges.

19 Kreuzberge

Von Sax zur Roslenalp

Sax – Rüti – Unteralp – Roslenalp – Sax

Talort / Ausgangspunkt: Sax, 480 m, am Westrand des mittleren Rheintales, zu Füßen der Kreuzberge. Busverbindungen mit Sennwald und Buchs. Von Altstätten 22 km, von der Autobahn-Ausfahrt Haag 8 km.
Parkmöglichkeit: Gegenüber der Post beim Gasthof Schlössli sowie beim Restaurant Traube.
Gehzeiten: Sax – Unteralp $2\frac{1}{2}$ bis $2\frac{3}{4}$ Std., Unteralp – Saxer Lücke $\frac{3}{4}$ Std., Saxer Lücke – Roslenalp $\frac{1}{2}$ Std. Insgesamt $3\frac{3}{4}$ bis 4 Std. Abstieg etwa 3 Std. Zusammen knapp 7 Std.
Anforderungen: Trittsicherheit notwendig, eine Passage drahtseilgesichert.
Höchster Punkt: 1767 m, Roslenalp.
Einkehrmöglichkeiten: Keine.
Sehenswert: „Schlössli“, erbaut 1551 durch Freiherr Hohensax-Forstegg, von 1629 bis 1760 Besitz der Zürcher Ratsfamilie Ziegler, 1948 durch die Sennwalder Familie Aebi restauriert und seitdem Restaurant; Rittersaal, Ritterstube, Freiherrenstübli. Großartige landschaftliche Szenerie der Kreuzberge.

Der Anstieg: Vom Restaurant Traube über den Mühlbach. Etwa 50 m danach wird die Durchgangsstraße halbrechts verlassen. Nach 5 Min. vor dem Mühlbach links und steil hoch zu den Häusern von **Rüti,** 565 m. Dort übernimmt uns ein Fahrweg, welcher den alten, steilen Weg ersetzt. Etwa 10 Min. nach Rüti wird der Fahrweg vom Wald aufgenommen. Ungefähr

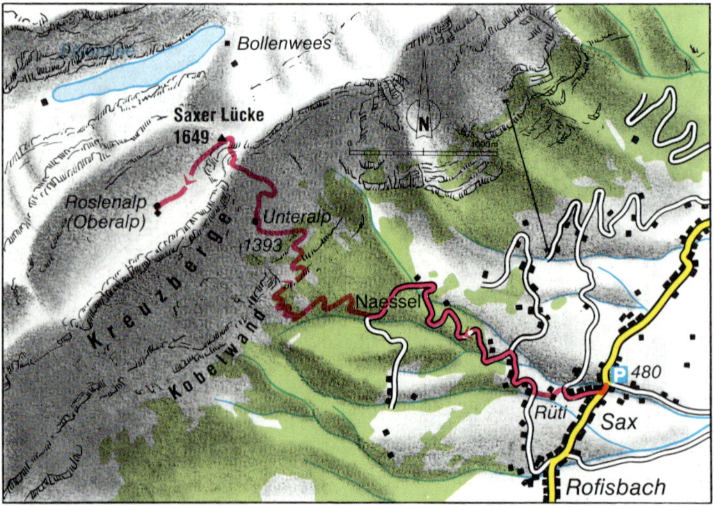

$^1/_2$ Std. später heißt es aufpassen, denn auf **Naessel** zweigt die Wanderroute halbrechts ab, jetzt dem alten Weg folgend. Zunächst noch im Wald in langen Schleifen weiter. Anschließend kehrenreich und steiler zur Barriere der Kobelwand. Wir weichen den Wandabstürzen rechts aus. Der Pfad sucht geschickt die Schwachstellen des Aufschwunges und gewinnt schließlich die steilen Wiesen der **Unteralp,** 1393 m, zu Füßen der imposanten Kreuzbergwände. Sie bestimmen beim weiteren Aufstieg immer mächtiger das Szenarium. Die Linksabzweigung etwa $^1/_2$ Std. zur Roslenalp (direkter Zugang) bleibt unbeachtet. Rechtshaltend kehrenreich in $^1/_4$ Std. vollends hoch in die **Saxer Lücke,** 1649 m, einen landschaftlichen Glanzpunkt des Alpsteins. Hier endet der Geologische Lehrpfad vom Hohen Kasten. Nördlich zeigt sich in der Tiefe das Gasthaus Bollenwees und südwestlich, wie zum Greifen nahe, schnellt der elegante Ostgrat des ersten Kreuzberges empor, die vielleicht schönste Felstour (Schwierigkeitsgrad V–) im Alpstein; von Sax $3^1/_4$ bis $3^1/_2$ Std.
Aus der Saxer Lücke links, schwach südwestlich aufwärts, an einer felsigen Passage kurz drahtseilgesichert, zur einzigartig gelegenen **Roslenalp,** 1767 m, auch Oberalp genannt.
Der Abstieg: Wie Aufstieg.

Kreuzberge von Südwesten.

20 Bühler

Zum Aussichtsplatz Buechen

Bühler – Wissegg – Buechen – Ebnet – Böhl – Steig – Bühler

Talort / Ausgangspunkt: Bühler, 824 m, an Straße und Bahnlinie St. Gallen – Teufen – Gais. Bahnhof, Postbusse. Von Appenzell 8 km, von St. Gallen 12 km, von Altstätten 13 km.
Parkmöglichkeit: Gegenüber des Bahnhofs, hinter der Kantonalbank sowie 150 m östlich des Bahnhofs an der Durchgangsstraße.

Gehzeiten: Bühler – Wissegg 35 Min., Wissegg – Buechen ¾ Std., Buechen – Ebnet 25 Min., Ebnet – Bühler ¾ Std. Insgesamt etwa 2½ Std.
Anforderungen: Unschwierige Wege.
Höchster Punkt: 1145 m, bei Buechen.
Einkehrmöglichkeiten: Gasthaus in Buechen.
Sehenswert: S. Wissenswertes.

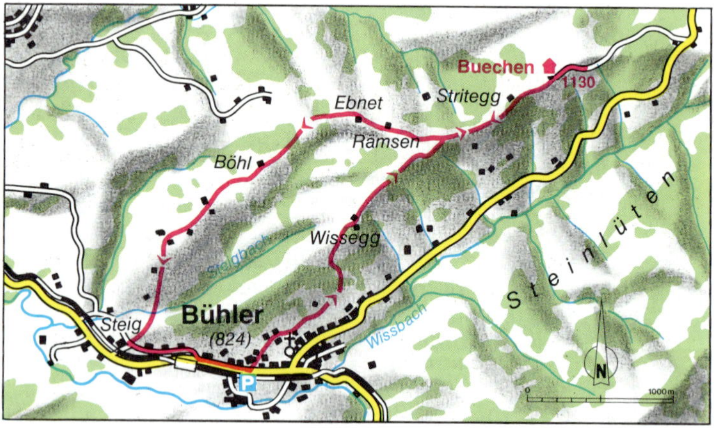

Der Anstieg: Am Bahnhof die Straße überqueren und links der Kantonalbank auf dem Teersträßchen ansteigen, rechts an der Fabrik vorbei, an der Kreuzung geradeaus. Hinter den obersten Häusern geht es über ein Bächlein. Auch beim Gehöft Rain gerade weiter. Anschließend kurz entlang des Waldrandes, dann halblinks in den Wald. Danach mittels Kehren hoch, über Wiesen, vor der Kuppe rechts und empor zum Kammrücken, auf dem uns der stattliche Hof **Wissegg,** 1023 m, erwartet. An der folgenden Wegedreiteilung nehmen wir die mittlere Spur, geleitet von der gelben Tafel. Gute 10 Min. später weicht man der Graskuppe P. 1090 rechts aus und läßt Rämsen vorerst links liegen. Ein Stück am Waldrand entlang und über Wiesen zum Hof Stritegg, an welchem die Route rechts vorbeiführt und uns

Abendstimmung am Aussichtsplatz Buechen.

nach 200 m beim **Gasthof Buechen,** 1130 m, „abliefert". Er wurde im Februar 1990 durch Blitzschlag eingeäschert, ist aber mittlerweile erneuert; von Bühler etwa 1¼ Std. Wir gehen noch ein kurzes Stück weiter, auf dem hier schmalen Kamm, hinauf zum Stall auf der Kuppe P. 1145 und genießen die Gesamtrundschau: Im Norden das betriebsame Speicher, dahinter der Bodensee; im Westen über Teufen hinweg in Richtung Appenzeller Hinterland und Toggenburg; schwach südwestlich die Gipfel des Alpstein mit dem alles überragenden Säntis.

Der Abstieg: Zurück bis vor die Kuppe P. 1090, an welcher sich der Weg rechts wendet nach **Rämsen.** Von dort in 5 Min. zum Gehöft Ebene, 1026 m. Hinter dem Anwesen, bei der Gabelung den Fahrweg halblinks verlassen, längs des Waldsaumes, kurz danach einen Waldgürtel durchqueren, worauf das Anwesen **Böhl,** 930 m, erreicht wird.

Geradeaus, um die Kuppe links herum und dem breiten Fahrweg noch etwa ¼ Std. folgen. Im Scheitel der Linkskurve rechts ab, am Hof vorbei und mit dem Wiesenpfad hinunter zum Steg über den Steigbach. Jenseits hinauf zum Fahrsträßchen, das sich rechts in den Ortsteil **Steig** senkt. Dort links, oberhalb der Bahnlinie, zur Durchgangsstraße und mit ihr zum Bahnhof.

21 Am Stoss, 942 m

Schlachtfeld des Appenzeller Befreiungskampfes

Gais – Zwislen – Stoss – Gais

Ausgangsort: Gais, 938 m, seit 1750 Kurort, oberstes Dorf im Rotbachtal, nordöstlich (6 km) von Appenzell, von St. Gallen 14 km. Bahn- und Busverbindungen.
Parkmöglichkeit: Am Bahnhof sowie auf dem Dorfplatz (300 m vom Bahnhof).
Gehzeiten: Gais – Stoss knapp 1¼ Std., Stoss – Gais etwa 1 Std. Insgesamt nicht ganz 2¼ Std.
Anforderungen: Spazierwege.
Höchster Punkt: 1000 m.
Einkehrmöglichkeiten: Gasthaus zur Linde (geöffnet ab 12.00 Uhr) in der Gemeinde Stoss.
Sehenswert: Der eindrucksvolle Dorfplatz findet 1565 erstmals Erwähnung, dürfte aber im Rahmen des ersten Kirchenbaues um 1300 nach und nach entstanden sein, und wurde 1780 ein Raub der Flammen, so daß die ihn schmückenden Häuser sowie die Kirche aus der Zeit danach stammen, teilweise aber noch aus den achtziger Jahren.

Der Ortsname rührt lauf Überlieferung tatsächlich von der Ziege her. Im frühen 19. Jh. blühte die Molkekur auf und sorgte für internationales Publikum. Übrigens sagt man hier „I bin of Gääs deheem", und nicht etwa „z'Gääs hönne": Man ist obenauf, nicht hinten!

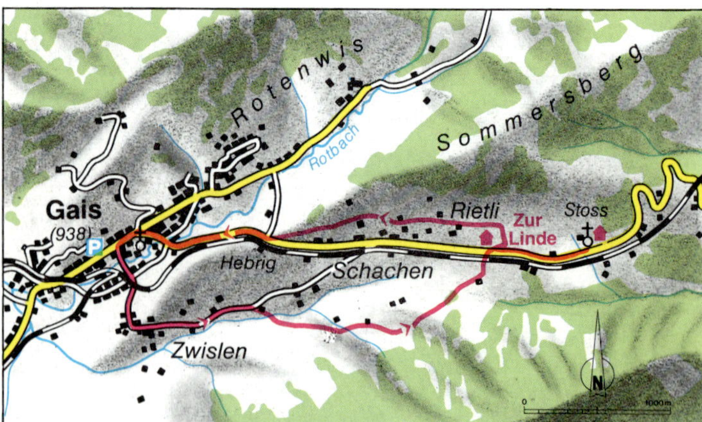

Der Wegverlauf: Ab dem Dorfplatz 150 m in Richtung Bahnhof, dann links ab und zum zweiten Bahnübergang. Etwa 10 Min. später wendet sich das Sträßchen links, die Häuser des Weilers **Zwislen** passieren. Nach insgesamt 25 Min. geht man an der Gabelung halbrechts. Am nächsten Hof vorbei. Vor dem zweiten Bachlauf an der Wegteilung links halten, weitere Bächlein überschreiten und getreu den Tafeln zur Straße Gais – Altstätten; von Gais ¾ Std. An der Wirtschaft rechts vorbei. Beim Wasserwerk Gais rechts halten und bei der folgenden Linkskurve geradeaus, in 10 Min. zum **Stoss,** 942 m. Appenzeller Geschichte! Eine Tafel an der „Schlachtenkapelle" erzählt vom Sieg der 4000 Appenzeller Bauern über Herzog Friedrich IV. von Tirol („Friedel mit der leeren Tasche"), Abt Cuno von St. Gallen sowie die Recken des Thurgauer Adels und der Bodenseestädte, insgesamt rund 12000 Mann, am 17. Juni 1405. In Erfüllung eines damit verbundenen Gelübdes pilgern noch heute die Männer alljährlich am 14. Mai hierher zum hl. Mauritius, dem Patron des Landes.

Der Rückweg: In 10 Min. wieder zum Wasserwerk, das heißt, beim Betreten des Teerweges rechts. An seiner Rechtskurve geradeaus und vor dem Bauernhof links. In der Folge auf genußvollen Hangwegen, an Bauernhöfen vorbei, in ½ Std. zu einer Rastbank, wo Straße und Geleise links überschritten werden. Nach 10 Min. stößt man wieder auf die Straße und folgt ihr zum 200 m entfernten Dorfplatz.

Am Stoss. Gedenkkapelle und Wirtshaus.

22 Gäbris, 1247 m

Höhentour von Gais über den Sommersberg

Gais – Sommersberg – Schwäbrig – Gäbrisseelein – Gäbris – Gais

Talort/Ausgangspunkt: Gais, 938 m, seit 1750 Klimakurort, oberstes Dorf im Rotbachtal, nordöstlich (6 km) von Appenzell, von St. Gallen 14 km. Gute Bahn- und Busverbindungen.
Parkmöglichkeit: Am Bahnhof sowie auf dem Dorfplatz (300 m vom Bahnhof).
Gehzeiten: Gais – Sommersberg ¾ Std., Sommersberg – Schwäbrig ½ Std., Schwäbrig – Gäbris 40 Min., Abstieg 50 Min. Insgesamt etwa 2¾ Std.
Anforderungen: Unschwierig.
Höchster Punkt: 1247 m, Gäbris.
Einkehrmöglichkeiten: Sommersberg (Mittwoch geschlossen), Unter Gäbris (Mittwoch geschlossen), Gäbris (Donnerstag geschlossen).
Sehenswert: S. Tour 21.

Der Anstieg: Vom Dorfplatz zunächst 150 m auf der Straße in Richtung Altstätten. Kurz nach dem Gasthof Hirschen rechts ab und auf dem Fußweg die Straße abkürzen. Dann links über Geleise und Straße, die Steinstufen hoch zur Rastbank, 972 m. Wenig später halblinks über den Rücken nach Egg. Am Hof links vorbei und weiter am Rücken in den Wald, der uns 10 Min. später wieder freigibt. Anschließend genußvoll über die Höhe zum herrlich gelegenen Gasthaus **Sommersberg,** 1172 m, fast schon ein Geheimtip für Wanderer im Voralpenland; von Gais ¾ Std.
Die bisherige Richtung (Nordost) beibehaltend, nun auf einem Fahrweg

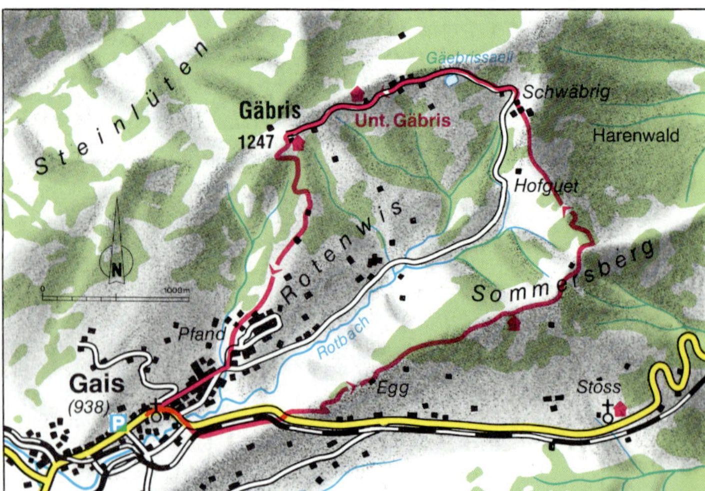

Ausschau östlich von Gais zu den Anhöhen des Gäbris.

weiter, bis nach 1/4 Std. unsere Route an der Gabelung links in den Wald führt. Kurz abwärts, auf dem breiten Querweg rechts, dann links. Das Weglein durchmißt ein feuchtes Hochmoor. Links das Anwesen Hofguet, rechts der Hafenwald. Ansteigend in Nordrichtung zum Ferienheim **Schwäbrig,** 1147 m, wo man auf die Gäbrisstraße stößt. Sie ist Samstag (13.00 – 18.00 Uhr) und Sonntag (8.00 – 18.00 Uhr) für Autos gesperrt! Von Gais 1 1/4 Std. Auf dem Sträßchen in 10 Min. zum künstlich geschaffenen **Gäbrisseelein** mit drei Inselchen und beachtenswerter Flora. Nach weiteren 10 Min. folgt **Unter Gäbris,** 1198 m, von den Einheimischen „Buregäbris" genannt, im Gegensatz zum „Herregäbris", dem höchsten Punkt des Gäbris, 1247 m, mit stattlichem Berggasthaus und gelobter Aussicht, vor allem zum mächtigen Alpsteinmassiv im Süden, aus dem Altmann und Säntis deutlich herausragen; von Gais knapp 2 Std.

Der Abstieg: Vom Gasthaus südwestlich hinunter zum Wald. Im Wald linkshaltend, wenig später mit dem Querweg rechts, anhaltend steil abwärts durch Waldstücke sowie über Wiesen nach **Pfand,** von wo ein Sträßchen zurück nach **Gais** leitet.

23 Höch Hirschberg, 1167

Loge zum Alpstein

Gais – Hirschberg – Brandegg – Rietli – Gais

Talort / Ausgangspunkt: Gais, 938 m, seit 1750 Klimakurort, oberstes Dorf im Rotbachtal, nordöstlich (6 km) von Appenzell, von St. Gallen 14 km. Gute Bahn- und Busverbindungen.
Parkmöglichkeit: Am Bahnhof sowie auf dem Dorfplatz (300 m vom Bahnhof).
Gehzeiten: Gais – Höch Hirschberg knapp 1¼ Std., Höch Hirschberg – Brandegg ¼ Std., Brandegg – Rietli 25 Min., Rietli – Gais ¾ Std. Insgesamt etwa 2¾ Std.
Anforderungen: Unschwierig.
Höchster Punkt: 1167 m, Höch Hirschberg.
Einkehrmöglichkeiten: Hirschberg (Dienstag geschlossen), Gasthaus zur Linde (geöffnet ab 12.00 Uhr), Stoss (10 Min. abseits).
Sehenswert: S. Tour 21.

Infolge des einheitlichen Wiederaufbaus nach dem Dorfbrand von 1780, bei dem das Feuer durch einen Föhnsturm zusätzlich angefacht wurde und 45 Wohnhäuser sowie die Kirche in Schutt und Asche legte, entspricht das Dorfbild von Gais ganz dem Baustil des späten 18. Jh.

Der Anstieg: Vom Dorfplatz 150 m in Richtung Bahnhof, dann links ab und über den zweiten Bahnübergang. Dem Sträßchen noch 300 m folgen. Am Beginn der Linkskurve geht es geradeaus. Den Zwislenbach überschreiten, an Höfen vorbei zur Grenze Außerrhoden/Innerrhoden. Der breite Weg

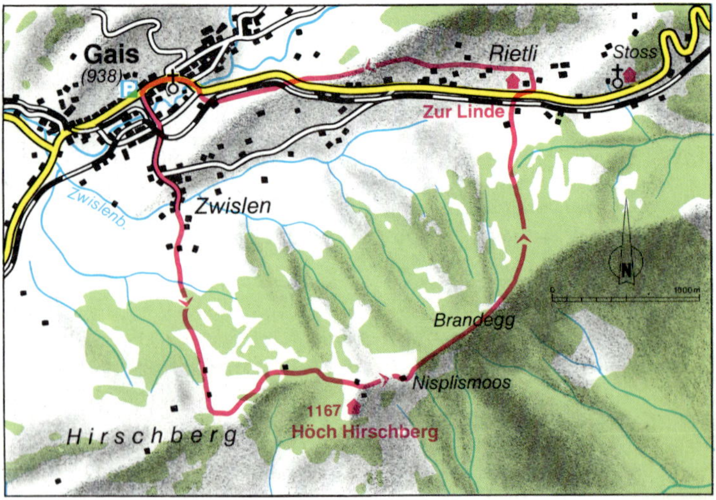

steigt zunehmend an, durchzieht ein Waldstück und endet in einem Sattel auf der Kammhöhe, 1052 m; von Gais 3/4 Std. Links, aber nicht mit dem Teersträßchen, sondern auf dem Wiesenweg, der jedoch schon nach 200 m wieder im Sträßchen mündet. Es wird vom Wald aufgenommen. Kurz nach seinem Verlassen geht es rechts, an einem Bauernhof vorbei zum Gasthaus auf dem **Höch Hirschberg,** 1167 m, neben dem Kronberg der schönste, dem Alpstein vorgelagerte Aussichtsplatz.

Der Abstieg: Zurück zum Stadel. Dort rechts, weglos über die Wiesen zum Häuschen von Nisplismoos, 1143 m. Einige Meter links, dann rechts in den Wald. Nun wieder auf deutlicher Spur parallel zur Grenze der Halbkantone zum **Brandegg,** 1125 m; vom Höch Hirschberg 1/4 Std. An der nächsten Wegeteilung halblinks (halbrechts nach Altstätten, s. Tour 24) und durch den Wald abwärts, hinaus nach Rietli an der Straße Gais – Altstätten. Jenseits steht das Gasthaus zur Linde; vom Höch Hirschberg etwa 40 Min. An der Wirtschaft rechts vorbei. Beim Wasserwerk Gais rechts halten, dann die Linkskurve ausgehen (gerade 10 Min. zum Stoss, s. Tour 21). Bei der folgenden Rechtskurve geradeaus. Vor dem Bauernhof links und anschließend auf Hangwegen, vorbei an Bauernhöfen, in 1/2 Std. zu einer Rastbank, wo Straße und Geleise links überquert werden. Nach 10 Min. stößt man wieder auf die Straße und folgt ihr 200 m auf den Dorfplatz.

Auf dem Höch Hirschberg.

24 Nach Altstätten

Von Gais über den Hirschberg

Gais – Höch Hirschberg – Brandegg – Erlengschwend – Hölzlisberg – Forst – Altstätten

Talort / Ausgangspunkt: Gais, 938 m, Klimakurort, oberstes Dorf im Rotbachtal, nordöstlich (6 km) von Appenzell, von St. Gallen 14 km. Gute Bahn- und Busverbindungen.
Parkmöglichkeit: Am Bahnhof sowie auf dem Dorfplatz (etwa 300 m vom Bahnhof entfernt).
Gehzeiten: Gais – Höch Hirschberg knapp 1¼ Std., Höch Hirschberg – Brandegg ¼ Std., Brandegg – Brand 1¼ Std., Brand – Altstätten ½ Std. Insgesamt 3¼ Std. Rückfahrt von Altstätten mit der Appenzeller Bahn.
Anforderungen: Unschwierig.
Höchster Punkt: 1167 m, Höch Hirschberg.
Einkehrmöglichkeiten: Gasthäuser in Hirschberg (Dienstag geschlossen), und in Bächis.
Zielort: Altstätten, 462 m, auf der Westseite des Rheintalbodens; gute Bahn- und Busverbindungen.
Sehenswert: S. Wissenswertes.

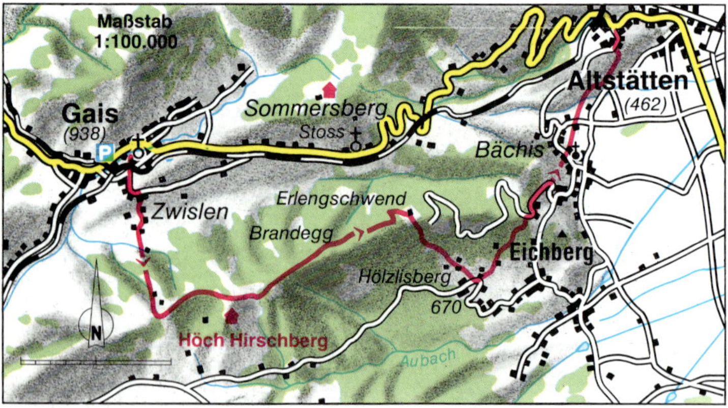

Der Wegverlauf: Zunächst von Gais, wie bei Tour 23 ausführlich beschrieben, in knapp 1¼ Std. hinauf zum **Höch Hirschberg,** 1167 m, dem Glanzpunkt des Wandertages. Anschließend in ¼ Std. zum **Brandegg,** bei dem sich die Wege teilen: geradeaus durch den **Rietlerwald** in ¼ Std. nach Erlengeschwend, 914 m. Hier rechts, womit der Kanton Appenzell verlassen wird. In den Wald, an der nächsten Kreuzung geradeaus, ebenso an der Wegeteilung. Gleich danach einen Bach überschreiten und hinunter zum obersten Hof, 742 m, des Streuweilers **Hölzlisberg.** Etwa 5 Min. später stößt man auf die Straße, und zwar an einer Haarnadelkurve. Wenige Schritte, dann wendet sich der Wanderweg links von der Straße ab und führt in eine Bachmulde. Dort an der Gabelung links über den Bach. Nordwärts führt der Weg oberhalb von Chöli durch den Wald. Als nächstes kreuzen wir den Stuelltobel und den Schachenbach. Kurzer Gegenanstieg, dann wieder abwärts durch den Wald zum Teersträßchen beim Hof Strick, 566 m.

Hier übernimmt uns der vorzüglich beschilderte **Rheintal-Höhenweg** bis nach Altstätten. Abwärts, nach etwa 5 Min. links und nach **Brand,** 460 m; vom Höch Hirschberg 1½ Std. Das Teersträßchen kreuzen. Bächis ist die nächste Ortschaft. Kurz rechts, beim Brunnen links, vorbei am Gasthaus und, weiter den Markierungen folgend, nach 10 Min. ansteigen zur aussichtsreich gelegenen spätmittelalterlichen Forstkapelle, 508 m; an den rheintalseitigen Hängen werden seit dem 17. Jh. die Reben des Forstweines gezogen.

Abwärts, das Sträßchen abkürzen und auf dem Erlenweg zum Bahnhof Altstätten-Stadt der Appenzeller Bahn; rechts breitet sich die Altstadt aus.

Das Panorama vom Höch Hirschberg: der Alpstein zwischen Altmann (links) und Säntis.

25 Sammelplatz

Über den Hirschberg nach Appenzell

Sammelplatz – Hirschberg – Guggerloch – Appenzell

Ausgangsort: Sammelplatz, 927 m, ungefähr halbwegs (2,5 km) zwischen Appenzell und Gais an der 1889 eröffneten Bahnlinie St. Gallen – Appenzell; Bedarfshaltestelle.
Parkmöglichkeit: Gegenüber der Bahnhaltestelle beim Gasthof Sammelplatz.
Gehzeiten: Sammelplatz – Hirschbergrücken ½ Std., Abstieg nach Appenzell 1 Std. Insgesamt etwa 1½ Std. Rückfahrt von Appenzell mit der regelmäßig verkehrenden Appenzeller Bahn. Wird der Höch Hirschberg „mitgenommen", verlängert sich die Wanderung um knapp ½ Std.
Anforderungen: Unschwierig.
Höchster Punkt: 1040 m, am Hirschbergrücken.
Einkehrmöglichkeiten: Höch Hirschberg (¼ Std. abseits der Route, Dienstag geschlossen).
Zielort: Appenzell, 785 m, Hauptort von Innerrhoden und wesentlicher Ort des Appenzeller Landes.
Sehenswert: S. Wissenswertes bei Appenzell.

Der Name Sammelplatz rührt daher, daß sich die Appenzeller Bauern vor der siegreichen Schlacht am Stoß im Jahre 1405 hier sammelten.
Der Anstieg: Auf der Straße 150 m in Richtung Appenzell. Dann links, die Geleise überqueren und dem geteerten Fahrweg folgen. Im Vorblick er-

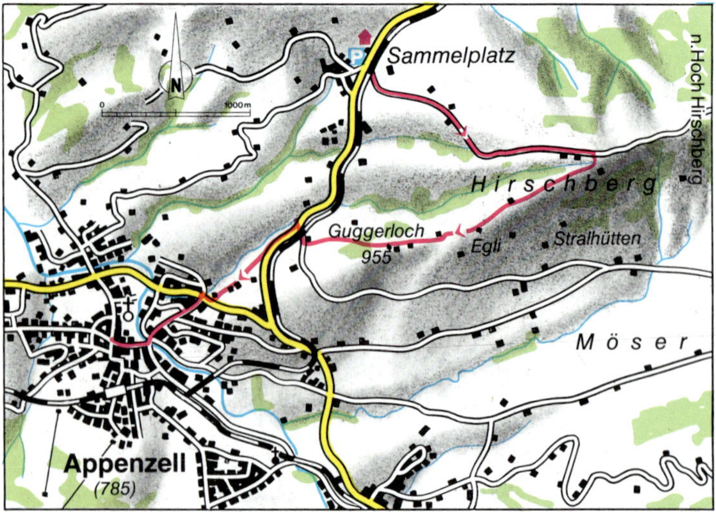

Blick über Appenzell zum Hohen Kasten.

scheint der Hohe Kasten, rechts davon das Panorama von der Sigelwand zum Säntis. Nach 20 Min., an der Gabelung linkshaltend, weiter mäßig bergan, und noch 10 Min. bis in Höhe eines Bauernhofes. Wer Lust hat, kann geradeaus in ¼ Std. zum **Höch Hirschberg** ansteigen.

Der Abstieg: Rechts ab vom Sträßchen. Vor dem Haus, 1035 m, erneut rechts. Nun vorerst weglos zu einem Leitungsmast und über die Weidewiesen bzw. den stumpfen Hirschbergrücken zu den **Strahlhütten,** 1006 m. Noch immer begleiten uns umfassende Ausblicke zum Alpstein, den der Säntis deutlich überragt. Etwas später rechts an **Egli,** 986 m, vorbei. Etwas unterhalb verflacht der Rücken. An der Weggabelung hält man sich rechts und gelangt durch das Guggerloch bzw. durch ein Waldstück zu einem Fahrweg (Scheune). Rechts zur nahen Straße Appenzell – Gais. Auf ihr links, aber nur 250 m, denn dann zweigt unsere Route halbrechts ab. Kurz danach nicht rechts in den bewaldeten Bachtobel, sondern im Scheitel der Wegkurve geradeaus über die Wiesen – rechts das Krankenhaus – hinunter zur Umgehungsstraße. Rechts, nach etwa 50 m links und mit der Gaiser Straße zur Sitterbrücke in Appenzell.

Am anderen Ufer bergan und durch die überaus malerische, von schmucken Häusern gesäumte Hauptgasse, am Rathaus vorbei zum Landsgemeindeplatz, dem historischen Mittelpunkt des Städtchens; etwa 5 Min. vom Bahnhof.

26 Schlatt

Über den Bildstock nach Saul

Schlatt – Bildstock – Saul – Gerenberg – Schlatt

Ausgangspunkt: Schlatt, 921 m, in kanzelähnlicher Lage fast 200 m über dem Tal der Sitter, nordwestlich (4,5 km) von Appenzell. Anfahrt: In Richtung Haslen 3 km, nach dem Gasthaus Anker rechts. Von Haslen auf der Panoramastraße 5 km. Für Busreisende: Postbus von Appenzell bis Gasthof Anker, von dort Fußweg ½ Std. hinauf nach Schlatt.
Parkmöglichkeit: Vor der Kirche und, unweit davon, vor dem Gasthaus Bären (Mittwoch geschlossen) Parkplatz.
Gehzeiten: Schlatt – Bildstock 35 Min., Bildstock – Saul ¾ Std., Saul – Schlatt 20 Min. Insgesamt etwa 1¾ Std.
Anforderungen: Spazierwege.
Höchster Punkt: 1055 m, Schlatt.
Einkehrmöglichkeiten: Leimensteig (Dienstag geschlossen), Saul (1990 bis auf weiteres geschlossen).
Sehenswert: Pfarrkirche, barock ausgestattet.

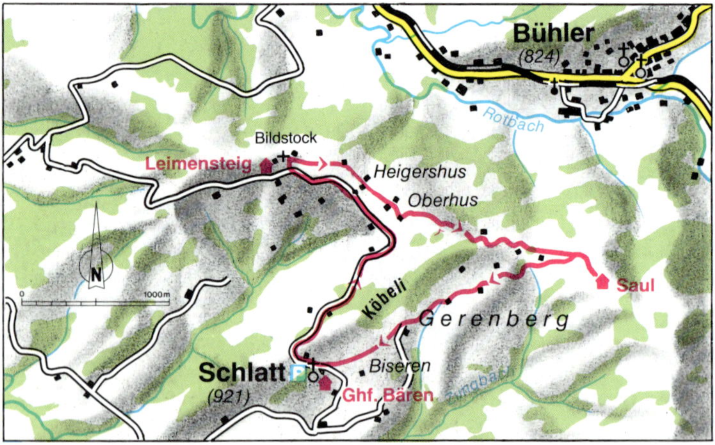

Der Wegverlauf: Ab der Kirche folgt man der kaum befahrenen Panoramastraße, zunächst in westliche, nach 250 m in nördliche Richtung und später durch ein Waldstück. Danach bieten sich wieder anhaltende Ausblicke, jetzt nordwestlich ins Toggenburg. Nach insgesamt 35 Min., 150 m vor dem Gasthaus **Leimensteig,** wird die Straße an der Wegkreuzung rechts verlassen: 100 m hinauf zum **Bildstock** (Pietà), 980 m. Hier öffnet sich der Blick nördlich über das weitläufige Rotbachtal auf Teufen und zu den dahinter stehenden Eggen. Rechts an der Rückseite des Bauernhofes vorbei und ostwärts. Die folgende Kuppe wird auf einem Wiesenweg rechts um-

gangen, weiter zum nächsten Anwesen. Von dort schwach rechtshaltend zum Steigershus.
Den breiten Fahrweg kreuzen, bergan und links zum Anwesen **Oberhus.** Unmittelbar vor dem Wohnhaus spitzwinkelig rechts, vor dem nächsten Haus links zu einem flachen Wiesenrücken mit schönen Ausblicken nordöstlich über das Rotbachtal und Bühler. Die Nordflanke der Kuppe queren. An der Wegeteilung rechts und in einen Wiesensattel. Östlich weiter, hinunter zum Fahrsträßchen. Ein letzter Gegenanstieg, linkshaltend um die Graskuppe herum zum herrlichen Sonnenbalkon von **Saul,** 1055 m; vom Bildstock ¾ Std.
Der Abstieg: Zurück auf das Fahrsträßchen, dem man hinab folgt. Nach 10 Min. geht es rechts an einem stattlichen Anwesen, 991 m, vorbei. Wir sind am südlich orientierten Gerenberg. Noch 500 m auf dem Sträßchen, dann zweigt rechts der Wanderpfad ab. Durch den Hang des rechts ansteigenden, bewaldeten Köbeli in die Einsattelung. Jenseits setzt sich der Weg in der Wiesenmulde von Biseren fort und liefert uns wieder in **Schlatt** beim „Bären“ ab, dessen schattige Terrasse zum Einkehren verlockt.

Das Dörfchen Schlatt über dem Sittertal.

27 Gontenbad

Höhenspaziergang nach Appenzell

Gontenbad – Himmelberg – „Münz" – Eggli – Appenzell

Talort / Ausgangspunkt: Gontenbad, 883 m, westlich (3 km) von Appenzell an der Straße nach Jakobsbad (3,5 km) bzw. Richtung Urnäsch; Bahnhof (Bedarfshaltestelle), Postbusse.
Parkmöglichkeit: Beim Altenheim.
Gehzeiten: Gontenbad – Himmelberg ½ Std., Himmelberg – „Münz" ½ Std., „Münz" – Appenzell 25 Min. Insgesamt etwa 1½ Std.
Bemerkung: Entweder von Appenzell per Bahn zurück nach Gontenbad, oder gleich mit dem Züglein nach Gontenbad.
Anforderungen: Unschwierig.
Höchster Punkt: 1060 m, bei Himmelberg.
Einkehrmöglichkeiten: Appenzell.
Zielort: Appenzell, 785 m, Hauptort von Innerrhoden und wesentliches Zentrum des gesamten Appenzeller Landes. Gute Bahn- und Busverbindungen aus und in alle Richtungen; Bahnhof etwa 5 Min. vom Landsgemeindeplatz.
Sehenswert: S. Wissenswertes.

Gontenbad war bis Anfang des 20. Jh. ein weitbekanntes Heil- bzw. Mineralbad. Dann zerstörte ein Brand das Hauptgebäude. Ab den siebziger Jahren setzte man die Tradition in bescheidenerem Rahmen fort.

Der Anstieg: Gegenüber dem Altenheim, beim Brunnen, auf der Straße nordwärts, links vorbei an der Metallbau AG. Kurz danach (nicht links über den Bach, sondern) rechts der Brücke auf einem Pfad ansteigen, den Bauernhof passieren und zum geteerten Höfesträßchen. Auf ihm weiter – schöne Blicke zum Säntis –, nach 20 Min. an der Gabelung spitzwinkelig

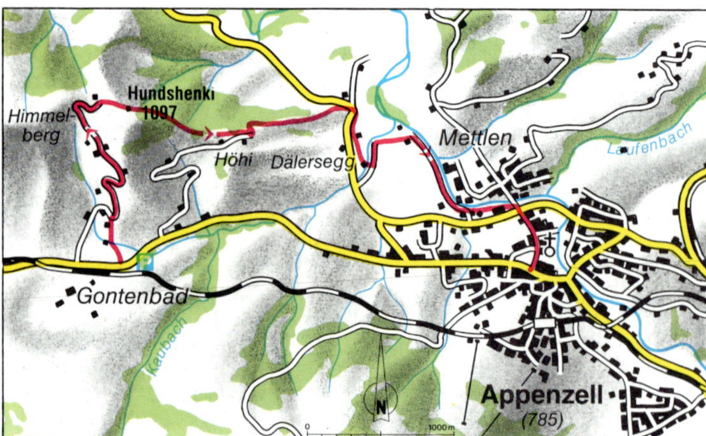

Die Mittelgebirgskuppe von Himmelberg.

rechts, und 200 m zum Bauernhof **Himmelberg,** 1056 m, dessen Name bei der Rast einleuchtet. Herrliche Ausblicke südwestlich und nordöstlich!
Der Abstieg: Unmittelbar nach der Garage hält man sich rechts auf dem Wiesenpfad in einem schwach ausgeprägten Grassattel. Geradeaus, das heißt durch den Nordhang der Kuppe Hundshenki, 1097 m, in den Schattenwald, wo die Spur deutlicher ausgeprägt ist. Oberhalb des Anwesens Höhi gibt uns der Wald frei. Begleitet von herrlichen Blicken über Appenzell schlendern wir am Waldrand entlang, unbeirrbar östlich und ständig bergab zur stark befahrenen Straße bei **Dälersegg,** 779 m. Jenseits vor dem Holzhüttchen rechts. Nach 200 m am Bauernhof gerade, nun wieder mit einem Pfad links an der Kapelle vorbei und hinunter zur Kaubachbrücke. Hier stand früher die Münzmühle; Informationstafel. Links noch kurz abwärts, dann rechts in einen grasigen Weg, der sich wenig später rechts vom Bach entfernt. Vor der Sitter rechts. Es folgt der Felsdurchbruch beim Eggli. Am Ufer entlang zur Sitterbrücke. Rechts über die Kreuzung der Umgehungsstraße und in 5 Min. auf den Landsgemeindeplatz in **Appenzell,** den historischen Mittelpunkt des Halbkantones Innerrhoden.

28 Burgruine Clanx, 1004 m

Mittelalterliche Geschichte

Appenzell – Burgberg – Steig – Appenzell

Talort / Ausgangspunkt: Appenzell, 785 m, Hauptort des Kantons Innerrhoden und Zentrum des gesamten Appenzeller Landes. Gute Bahn- und Busverbindungen.
Parkmöglichkeit: Unterhalb der Kirche, am rechten Ufer der Sitter.

Gehzeiten: Appenzell – Burgberg 1 Std., Abstieg und Rückweg ¾ Std. Insgesamt 1¾ Std.
Anforderungen: Unschwierig.
Höchster Punkt: 1004 m, Burgberg.
Einkehrmöglichkeiten: Keine.
Sehenswert: S. Wissenswertes.

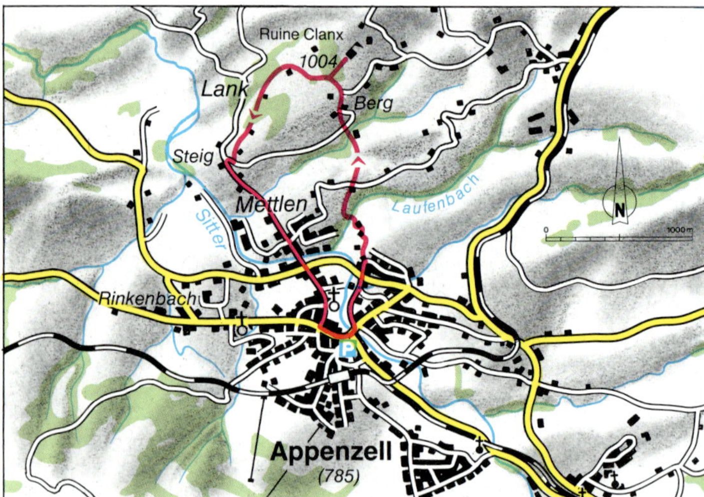

Der Anstieg: Unterhalb der Kirche, jenseits der Sitterbrücke, geht es am rechten Ufer der Sitter entlang. Vorbei am Hallenbad, danach die Umgehungsstraße kreuzen und mit dem asphaltierten Fahrweg ansteigen zum Altersheim. Nach dem nächsten Haus (Nr. 23) hält man sich links und quert den waldgesäumten Tobel des Lauftenbaches. Anschließend rechtshaltend, begleitet vom Zaun, über die Weiden aufwärts. Zwei Gehöfte passierend, zur Teerstraße. Auf der anderen Seite einige Stufen hoch. Nun weist der markante Burgberg nördlich die Richtung, links am Bauernhof vorbei. Etwa 100 m links des nächsten Hofes stößt man auf einen Pfad. Er bringt uns abermals in einen bewaldeten Tobel. Auf der Holzbrücke über den

Malerische Häuserreihe an der Hauptstraße in Appenzell.

Bach. Danach rechtshaltend auf dem Wiesenweglein, das Güatersträßchen kreuzen. Dann zwischen den beiden Höfen von **Berg,** 859 m, zu einem etwas breiteren Weg. Kurz vor dem nächsten Teerweg geht es an der Kreuzung gerade, neben einer Hecke her, rechtshaltend auf die teilweise bewaldete Kuppe des **Burgberges,** 1004 m; von Appenzell 1 Std. Hier drohte ab 1210 einst die Burg Clanx, zeitweise Zufluchtsstätte des St. Gallener Abtes und Sitz der Vögte, welche die Steuern und Naturalien eintrieben – bis 1402. Dann wurde die Anlage von den gedemütigten Appenzellern zerstört: Signal für den Freiheitskampf, welcher in den Schlachten bei Vögelinsegg (1403) und am Stoss (1405) seine totale Eskalation erlebte und die Einheimischen von kirchlichem wie weltlichem Joch erlöste.
Der Abstieg: Zurück an die Kreuzung. Jetzt rechts auf einem Wiesenweg oberhalb des Anwesens nordwestlich durch die Mulde zwischen Burgberg und benachbarter Kuppe, hinunter bis vor den Rand eines bewaldeten Bachtobels. Links einen Bachlauf überschreiten. Der Weg durchmißt die Flanken des Steigchopfes, führt an Waldrändern entlang. Ab der Waldspitze steil abwärts zum Fahrweg, auf dem man rechts an der Kapelle vorbei die Straße Teufen – Appenzell beim **Weiler Steig** erreicht. Links auf dem Fußweg in etwa 10 Min. zur Sitterbrücke. Links am Fluß entlang, über den Lauftenbach und zur Umgehungsstraße, wo der bekannte Weg zurückleitet.

29 Chlepfhütte, 1225 m

Stilles Wanderrevier

Appenzell – Eischen – Kaubad – Chlepfhütte – Lemerenwees – Appenzell

Talort: Appenzell, 785 m, Hauptort des Kantons Innerrhoden und Zentrum des gesamten Appenzeller Landes. Gute Bahn- und Busverbindungen.
Parkmöglichkeiten: Nördlich des Landsgemeindeplatzes beim Sportplatz; u. a. auch an der Sitterbrücke unterhalb der Kirche.
Gehzeiten: Appenzell – Eischen 1 Std., Eischen – Kaubad 20 Min., Kaubad – Chlepfhütte 50 Min., Chlepfhütte – Straße ¾ Std., nach Appenzell 40 Min. Insgesamt etwa 3½ Std.
Anforderungen: Unschwierig.
Höchster Punkt: 1225 m, Chlepfhütte.
Einkehrmöglichkeiten: Eischen (Mittwoch geschlossen), Kaubad (bei wenig Betrieb Montag und Donnerstag geschlossen).
Sehenswert: S. Wissenswertes.

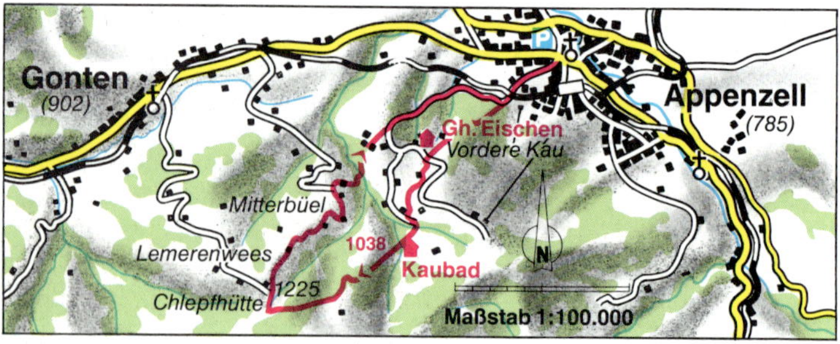

Der Anstieg: Vom Landsgemeindeplatz südlich, links neben dem Garten des Hotels Appenzell, zum Restaurant Hof. Gleich danach rechts und nun der Kaustraße folgen in Richtung Zeltplatz (Tafel). Nach 10 Min. die Geleise überschreiten. Etwa 200 m danach zweigt links der markierte Weg ab. Im Kauwald steil und kehrenreich bergan. Etwa ½ Std. später gibt uns der Forst frei. Nun über Wiesen weiter bergan, vorbei an Kauchrüz und vollends hoch zum Gasthof **Eischen**, 1036 m; Zeltplatz.
Auf dem nahen Teersträßchen links und nach wenigen Schritten halbrechts durch die Wiese zum Bauernhof, 1061 m. Hier rechts und in leichtem Gefälle schwach linkshaltend über den Grashang zur Straße. Links über den Bach, 250 m zum Hotel-Restaurant **Kaubad,** 1045 m, im idyllischen Tal des Kaubaches. Südwestlich sieht man die Wiesen der Rotsteinalpe, an deren unterem Rand die Wanderung im weiteren Verlauf führt; von Appenzell etwa 1¼ Std. An Kaubad rechts vorbei auf dem Schotterweg 100 m zum Kaubach. Am anderen Ufer geradeaus dem Fahrweg folgend. Nach 5 Min.

an der Gabelung links den Fahrweg verlassen. Im Wald ansteigend. Danach über die Wiesen von **Ober Rotstein**, und zwar rechtshaltend nahe dem Waldrand. Anschließend durch ein Waldstück und zum Treffpunkt von vier Wegen, 1242 m. Rechts auf breitem Weg auf die freie, von den Chlepfhütten gekrönte Kuppe, 1225 m; von Kaubad 50 Min.
Der Abstieg: An den Holzhütten rechts vorbei. Das Weglein senkt sich über den schwach gewölbten Grasrücken, berührt eine Waldecke und wendet sich rechts nach **Lemerenwees**, 1099 m. Etwa 100 m vor dem Anwesen, an der Wegekreuzung links, nun auf dem Höfesträßchen abwärts. An der Kapelle von Mittelbuehl rechts vorbei. Kurz danach rechtshaltend in den bewaldeten Tobel des Kaubaches. Vorbei an einem Bauernhof, 976 m, dann einen Zufluß des Kaubaches überschreiten und auf dem Fahrweg hinauf zur Straße. Links zurück nach Appenzell.

Im Tal des Kaubaches südwestlich von Appenzell.

30 Chlosterspitz, 1326 m

Der Hausberg von Appenzell

Appenzell – Freudenberg – Sollegg – Neuenalp – Chlosterspitz – Ochsenegg – Foren – Appenzell

Talort / Ausgangspunkt: Appenzell, 785 m, Hauptort des Kantons Innerrhoden und Zentrum des gesamten Appenzeller Landes. Gute Bahn- und Busverbindungen.
Parkmöglichkeit: Nördlich des Landsgemeindeplatzes beim Sportplatz; u. a. auch an der Sitterbrücke unterhalb der Kirche.
Gehzeiten: Appenzell – Freudenberg 10 Min., Freudenberg – Chlosterspitz 1¼ Std., Chlosterspitz – Appenzell 1¼ Std. Insgesamt etwa 2¾ Std.
Anforderungen: Unschwierig.
Höchster Punkt: 1326 m, Chlosterspitz.
Einkehrmöglichkeiten: Freudenberg (Mittwoch geschlossen).
Sehenswert: Appenzell s. Wissenswertes. Vom Chlosterspitz ein „Beinahe-360-Grad-Panorama".

Vom Landsgemeindeplatz aus ist südlich, hinter dem Hotel Appenzell bereits die Kuppe des Chlosterspitz zu sehen. Er wird aber, trotz seiner Nähe zum Ort, verhältnismäßig wenig besucht.
Der Anstieg: Rechts des Bahnhofsgebäudes durch die Unterführung. Dann rechts bis zum Restaurant Stossplatz. Dort links in die Riedstraße. An ihrem Ende (vor den Steinstufen) rechts, die nächste Seitenstraße links und auf einem Schotterweglein hinauf zur Kanzel des Restaurants Freuden-

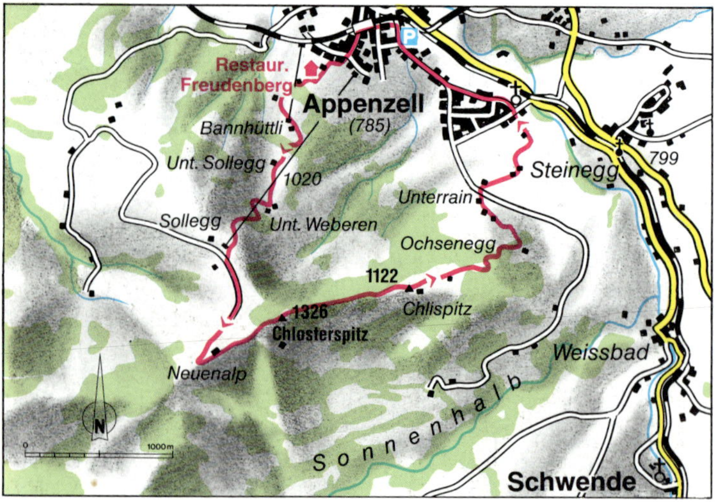

berg, 842 m. Auf der Südseite der Parkplätze, etwas rechts davon, vertraut man sich dem Waldlehrpfad an. Nach der Waldecke links halten, die Lifttrasse schräg links kreuzen und zum Bannhüttli. Auf dem breiten Querweg rechts entgegen der Skiabfahrt hoch nach **Unter Sollegg**, 1020 m, und über den freien Hang nach **Unter Weberen**. Rechts, nach 100 m scharf links, am Waldstück rechts vorbei.

Anschließend nicht halbrechts (nach Ober Sollegg), sondern geradeaus, über die Wegkreuzung zum Alpgüterfahrweg. Auf ihm ansteigend 250 m zur Wegedreiteilung: Der halblinks abzweigende obere Weg führt uns zum Chlosterspitz-Südwestrücken. Hier schwenkt man nach links und passiert später die Hütten der **Neuenalp**, 1293 m. Man überschreitet schließlich P. 1301 und erreicht in 5 Min. den **Chlosterspitz**, 1326 m; von Appenzell ungefähr 1½ Std.

Der Abstieg: Schwach nordostwärts am waldbesetzten Rücken. Vom unteren Waldrand weiter zu einer Hütte der **Alpe Chlispitz**. Auch danach noch steil abwärts, ein Stück über Wiesen, dann im Waldschatten zu einem Querweg, der kurz nach einer Hütte betreten wird. Links durch den Wald. Unterhalb des Hofes Ochsenegg absteigend, zur ersten Kreuzwegstation an der Straße, die man überquert. Die Täfelchen leiten nacheinander an zwei Höfen vorbei zu einem Bildstock. Dort links und durch die Siedlung Foren nach Appenzell zur Straßenunterführung am Bahnhof.

Der Kirchturm überragt die Dächer von Appenzell.

31 Appenzell – Weissbad

Talspaziergang

Appenzell – Schwimmbad – Sittertal – Weissbad – Rechböhl – Foren – Appenzell

Ausgangsort: Appenzell, 785 m, Hauptort des Kantons Innerrhoden sowie kulturelles Zentrum des gesamten Appenzeller Landes; gute Bahn- und Busverbindungen.
Parkmöglichkeit: U. a. Landsgemeindeplatz; südlich des Landsgemeindeplatzes beim Sportplatz; an der Sitterbrücke unterhalb der Kirche.
Gehzeiten: Appenzell – Weissbad 1 Std., Weissbad – Appenzell 1 Std. Insgesamt etwa 2 Std.
Anforderungen: Unschwierige Spazierwege.
Höchster Punkt: 890 m, Rechböhl.
Einkehrmöglichkeiten: Sittertal, Weissbad.
Sehenswert: S. Wissenswertes. Beim Rückweg schöne Ausblicke zur Sigelwand und zum Hohen Kasten.

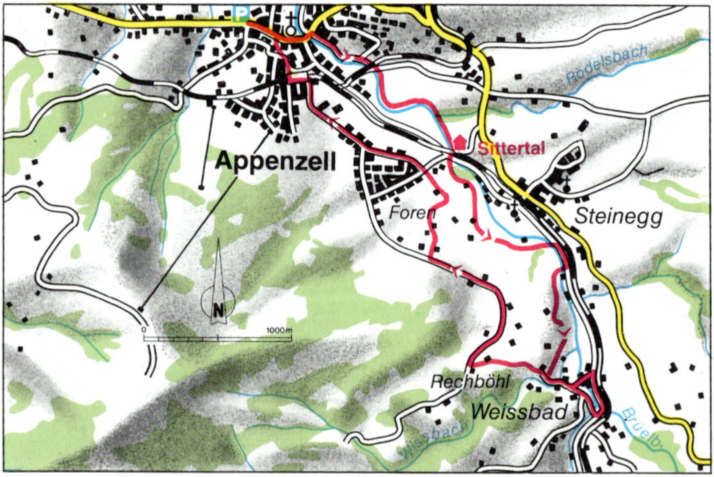

Der Wegverlauf: Von der Südseite des Landsgemeindeplatzes östlich durch die malerische, von hübschen Fassaden gesäumte Hauptgasse, vorbei am Rathaus und an der Mauritius-Kirche hinunter zur Sitter. Jenseits der Brücke rechts, den großen Parkplatz passieren und auf dem befestigten Ufer talein 500 m zur Eisenbahnunterführung. Gleich danach rechts, durch den Hof des Schotterwerkes. Anschließend links des Sträßchens auf

Im Sittertal zwischen Appenzell und Weissbad.

schattigem Weg weiter. Rechts folgt der Steg zum Schwimmbad Foren. Vom Landsgemeindeplatz 20 Min.
Wir bleiben diesseits. Kurz danach den Rödelbach überschreiten und nach **Sittertal**. Nun auf der Straße vorbei am Restaurant Schäfli. Nach 250 m halbrechts ab. Der Wiesenpfad bringt uns wieder an die Sitter. Gute 10 Min. später wieder auf die Straße bzw. neben ihr dem Fußweg etwa 200 m folgend, dann rechts über die Sitterbrücke. Am anderen Ufer links. Kurz nach Oberau vereinen sich Wissbach und Brüelbach zur Sitter. Der Weg führt an den Wissbach heran, überquert ihn links mit dem Hasler Steig und endet für uns hinter der Schwendibachbrücke in **Weissbad**, 816 m.
Der Rückweg: Wieder zum Hasler Steg. Etwa 100 m danach rechts neben dem Haus ansteigen in den Hangwald. Dort an der Wegeteilung rechts und im Wald steil bergauf, anschließend über Wiesen vorbei am Hof Rechböhl und zum Fahrsträßchen. Auf ihm rechts in genußvoller Wanderung etwa 20 Min. weiter. Bei der ersten Kreuzwegstation das Sträßchen rechts verlassen. Der Wiesenpfad leitet nacheinander an zwei Bauernhöfen vorbei zum Bildstock am geteerten Fahrweg. Auf ihm links zu den ersten Häusern der Siedlung **Foren**. Geradeaus weiter zur Straßenunterführung neben dem Bahnhof.

32 Forstseeli, 1195 m

Idylle östlich von Appenzell

Eggerstanden – Bildstein – Forstseeli – Eggli – Eggerstanden

Talort / Ausgangspunkt: Eggerstanden, 892 m, Dörfchen östlich (5,5 km) von Appenzell, nördlich zu Füßen des Fänerenspitz.
Parkmöglichkeit: Gegenüber der Kirche bzw. beim Landgasthaus Neues Bild.
Gehzeiten: Eggerstanden – Bildstein ¾ Std., Bildstein – Forstseeli ¾ Std., Forstseeli – Eggli 50 Min., Eggli – Eggerstanden 35 Min. Insgesamt etwa 3 Std.
Anforderungen: Unschwierige Wanderwege.
Höchster Punkt: 1305 m, Alp Heieren.
Einkehrmöglichkeiten: Gasthaus Eggli (Donnerstag geschlossen).
Sehenswert: Moderne, 1973 geweihte Josefskirche.

Der Anstieg: Auf der Straße östlich. Nach 5 Min. schöner Blick ins Rheintal. Etwa 100 m danach in den Wald. Ungefähr 10 Min. nach **Eggerstanden** zweigt die Wanderung rechts ab, 910 m. An der folgenden Gabelung halblinks auf dem breiten Weg weiter, in etwa 20 Min. zu einem Bildstock. An der Gabelung rechts, hinauf zur Alp **Unter Bildstein**, 1054 m, wo man auf einen querverlaufenden Weg stößt. Auf ihm links, vorbei an vereinzelten Hütten zur obersten Alphütte, 1195 m. Hier rechtshaltend in den Wald. Dort mäßig bergan in 10 Min. zum verträumten, idyllisch gelegenen **Forstseeli**, 1195 m, mit Blockhütte bzw. Grillplatz an der Kantonsgrenze; einer der verschwiegensten Erdenflecken im Appenzeller Land.

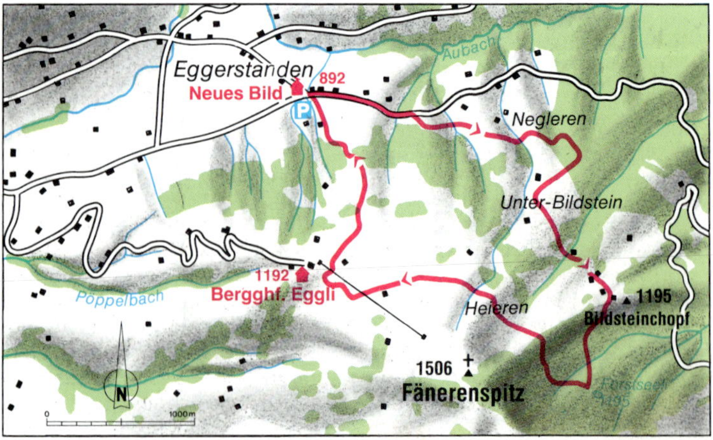

Der Fänerenspitz von Norden.

Bei der nächsten Weggabelung geht es rechts, zunehmend steiler bergan auf den stellenweise felsbesetzten Nordostrücken des Fänerenspitz. Anschließend zunächst eben die freien Grasflanken traversieren, vorbei an den **Alphütten Heieren**, 1305 m.

Danach senkt sich der Alpgüterweg, passiert eine Hütte und führt unterhalb von Boschgeren zum Berggasthaus **Eggli**, 1192 m, in phantastischer Aussichtsposition. Besonders interessant ist der Blick in die drei Ketten des Alpsteins sowie nordwestlich über die weite Mulde von Appenzell; im Norden ist das Berggasthaus auf dem Höch Hirschberg mit bloßem Auge zu erkennen.

Der Abstieg: Auf dem Herweg etwa 200 m zurück, dann links, kurz danach erneut links zur nächsten Wegteilung. Dort rechtshaltend über feuchte Wiesen. Über einen Bach, an der Gabelung rechts halten, erneut ein Bächlein überschreiten und parallel zu einem Bach. An der Wegekreuzung links, jetzt auf breitem Weg über **Küenisweid** zur Josefskirche von **Eggerstanden**.

33 Brülisau, 922 m

Von Weissbad durch den Chlustobel

Weissbad – Kurhaus Bio Sana – Chlustobel – Brülisau

Talort / Ausgangspunkt: Weissbad, 816 m, südöstlich (3 km) von Appenzell an Straße und Bahnlinie nach Wasserauen.
Parkmöglichkeit: Beim Bahnhof.
Gehzeiten: Weissbad – Brülisau 1 Std., Abstieg ¾ Std. Insgesamt etwa 1¾ Std. Von Brülisau auch regelmäßige Postbus-Verbindung mit Weissbad.
Anforderungen: Unschwierig. Bei Nässe stellenweise unangenehm.
Höchster Punkt: 922 m, Brülisau.
Einkehrmöglichkeiten: Unterwegs keine.
Zielort: Brülisau, 922 m, weitverstreute Ortschaft, Dorfkern um die Pfarrkirche bei der Seilbahn zum Hohen Kasten; von Weissbad 2 km. Idealer Ausgangspunkt für Anschlußwanderungen!
Sehenswert: Im Chlustobel eindrucksvolle Szenerien. Von Brülisau informativer Blick zum beeindruckenden Massiv des Hohen Kasten; 1478 erbaute Sebastianskapelle.

Der Anstieg: Ab dem Bahnhof bzw. links des Postamtes entlang der Trasse der Appenzeller Bahn, die Geleise links überschreiten und zur Brücke über den Brüelbach. Von der Bäckerei links der Brülisauer Straße 200 m folgen. Kurz nach dem Parkplatz des **Kurhauses Bio Sana** geht es links bei einer rotgestrichenen Rastbank von der Straße ab. Hier beginnt der eigentliche, 1988 nach mehrjährigen Arbeiten eröffnete **Chlustobelweg**, welcher den großartigsten Zugang aus dem Schwendibachtal nach Brülisau darstellt. Früher konnte Brülisau nur über Straßen erreicht werden.

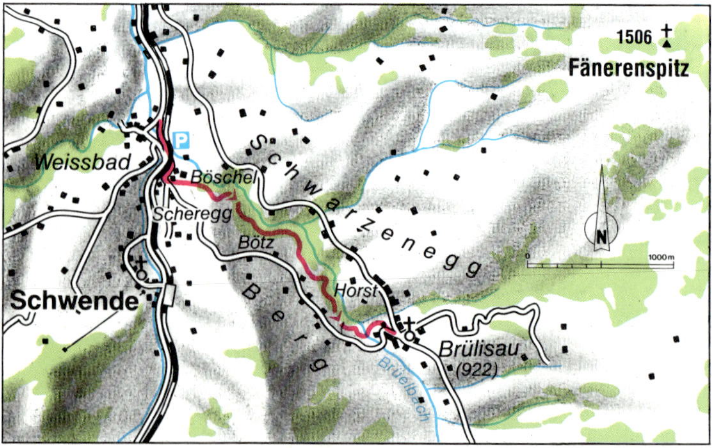

Die langgestreckte Sigelwand tritt ins Blickfeld, dann der Hohe Kasten. Über die **Scheregg** gelangt man in das bewaldete Tal des Brüelbaches, den **Chlustobel**. Der Grillplatz bleibt zurück. Die Route hält sich an den oberen Rand des wildromantischen Tobels. Nach einer Weile führt der Steig im Zickzack hinab zum Brüelbach, an dem sich die Route abwechslungsreich fortsetzt. Bald mündet links der Horstbach. Wenig später hilft ein Steg über den Brüelbach. Jenseits weiter im Waldschatten, hinauf zur Turnhalle von Brülisau und zur Kirche. Vor ihrer Fertigstellung 1879 ritten die Kapläne von Appenzell zum Fuß des Hohen Kasten.

Brülisau wird vom Hohen Kasten beherrscht.

34 Zur Ahornkapelle, 1016 m

Ins Wissbachtal

Weissbad – Ahorn – Lehmen – Sonnenhalb – Weissbad

Talort / Ausgangspunkt: Weissbad, 816 m, südöstlich (3 km) von Appenzell an der Straße und Bahnstrecke nach Wasserauen.
Parkmöglichkeit: Beim Bahnhof.
Gehzeiten: Weissbad – Ahornkapelle knapp 1¾ Std., Ahorn – Lehmen 25 Min., Lehmen – Kapelle Sonnenhalb ¾ Std., Sonnenhalb – Weissbad 25 Min. Insgesamt etwa 3¼ Std.
Anforderungen: Unschwierig.
Höchster Punkt: 1091 m, Unter Helchen.
Einkehrmöglichkeiten: Ahorn (Freitag geschlossen), Lehmen.
Sehenswert: Maria im Ahorn. Das Gnadenbild der alten Wallfahrtsstätte wird der Spätgotik zugeschrieben. Die Herkunft der „Ahorn-Madonna" ist unbekannt. Die Kapelle wurde 1895 erbaut, vermutlich an Stelle des im späten 14. Jh. in einer Chronik erwähnten Bruderhofes. Dort sollen Franziskaner gelebt haben, worauf der Kapuzinerwald deutet.

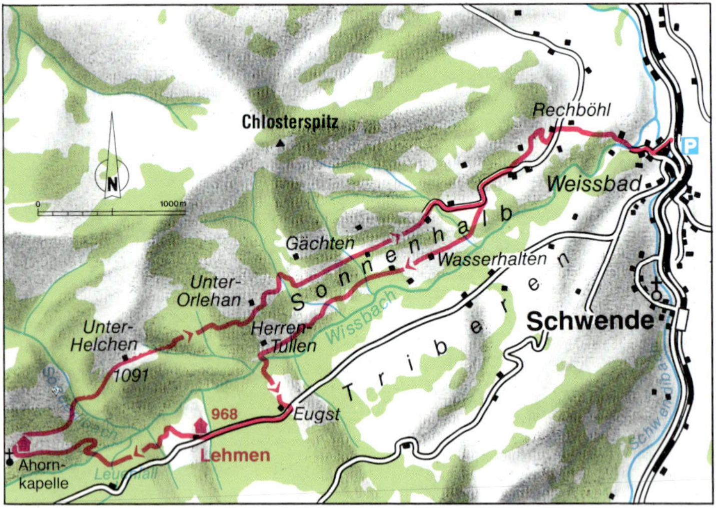

Der Anstieg: Vom Bahnhof zur nahen Weissbadbrücke über den Schwendibach, zwischen Kurhaus und Park-Hotel weiter. Bei den Tennisplätzen rechts und auf dem Haslersteg über den Wissbach. Etwa 100 m danach geht es rechts neben dem Haus auf einer Rasenspur hoch in den Hangwald. Dort an der Weggabelung rechts, steil bergan und über Wiesen, vor-

Wissbachtal mit der Säntis-Nordostkette.

bei am **Hof Rechböhl** zum querverlaufenden Teersträßchen, das gekreuzt wird. Noch 250 m aufwärts, dann beim Wegweiser links auf dem Pfad in den Wald. Etwa 5 Min. später wird man endgültig auf das Teersträßchen gezwungen (Kreuzwegstation XII). Nach 300 m an der Gabelung rechts oberhalb der Sonnenhalb-Kapelle talein. Am Ende der Teerdecke das Viehgatter passieren und weiter über **Unter Gächten**, 1002 m, und **Unter Orlehan**, 1070 m, zu den Rodungswiesen von **Unter Helchen**, 1091 m, dem höchsten Punkt der Tour; von Weissbad 1¼ Std. Nun abwärts, über Wiesen und durch den Wald zum Sönderlibach. Über den Steg und schwach linkshaltend bzw. gemäß der Wegweiser hinauf zur **Ahornkapelle**, 1016 m, in herrlicher Landschaftszenerie; von Weissbad nicht ganz 1¾ Std.
Ab dem Gasthaus östlich in den Sönderliwald und 5 Min. später rechts. Den Wissbach überschreiten, 919 m. Einer kleinen Lichtung folgt der Steg über den Berndlibach, 947 m, der rechts oben den Leuen-Wasserfall bildet. Etwa 10 Min. später sind wir in **Lehmen**, 968 m; von Weissbad etwa 2 Std. Auf der Straße 600 m talaus. Beim Bauernhaus Eugst, 968 m, links ab, am Haus rechts vorbei auf dem Wiesenweg in den Wald und abermals über den Wissbach, 882 m. Dann rechts halten in etwa 5 Min. nach **Herrentüllen**, 914 m. Weiter auf dem Höfefahrweg in gemütlicher Wanderung über **Wasserhalten** in 20 Min. zur **Kapelle Sonnenhalb** und hinauf zur bekannten Straße.

35 Durch den Alpstein

Die große Runde

Weissbad – Potersalp – Schwägalp – Säntis – Lisengrat – Rotsteinpaß – Zwinglipaß – Mutschensattel – Saxer Lücke – Bollenwees – Brülisau – Weissbad

Talort / Ausgangspunkt: Weissbad, 816 m, südöstlich (3 km) von Appenzell an Straße und Bahnstrecke nach Wasserauen.
Parkmöglichkeit: Beim Bahnhof.
Gehzeiten: Weissbad – Potersalp 3 Std., Potersalp – Schwägalp 1 Std., Schwägalp – Säntis 3½ Std., Säntis – Rotsteinpaß 1 Std., Rotsteinpaß – Zwinglipaß 1¼ Std., Zwinglipaß – Mutschensattel 1¼ Std., Mutschensattel – Bollenwees 1 Std., Bollenwees – Brülisau 1 Std., Brülisau – Weissbad ¾ Std. Insgesamt etwa 14 Std.
Anforderungen: Schwindelfreiheit und Trittsicherheit. Nur bei guten Verhältnissen!
Höchster Punkt: 2503 m, Säntis.
Einkehrmöglichkeiten: Schwägalp, Säntis, Rotsteinpaß, Bollenwees, Plattenbödeli, Brülisau; jeweils auch Übernachtungsmöglichkeit.
Anmerkung: Übernachtung entweder in Schwägalp (Telefon 071 / 58 16 03) oder auf dem Säntis (88 11 60 oder 27 99 55), eventuell auch in Bollenwees (88 11 70).

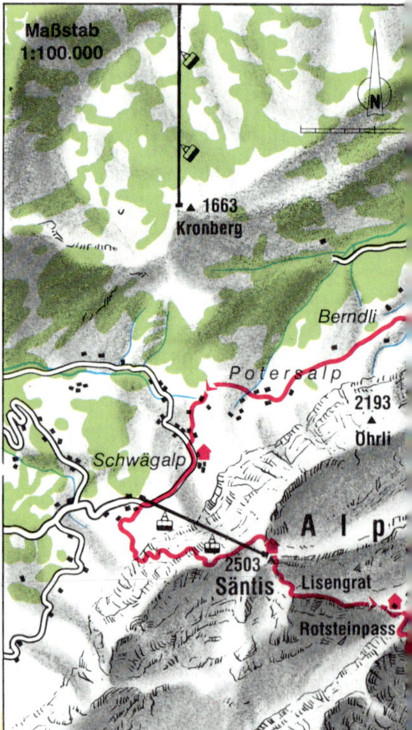

Der Anstieg: Vom Bahnhof zur nahen Weissbadbrücke. Etwa 50 m danach zeigt die gelbe Tafel vor dem Bach mit schmalem Wiesenweg nach rechts. Kurz danach an der Gabelung links, hinauf zu einem Bauernhof, von dem der Fahrweg zur Straße leitet. Auf ihr 50 m rechts, beim Wegweiser links. Der grasige Weg führt zum **Hesserenhof**. Gerade weiter, links an **Chästenen**, 929 m, vorbei und zum geteerten Fahrweg, auf dem die Tour eindeutig fortgesetzt wird, sofern man nicht die Abkürzungen einschlägt. Etwa ¾ Std. später endet das Sträßchen am Waldaustritt, 1137 m. Es folgt die **Vorder Neuen-**

alp, 1186 m; von Weissbad 1¾ Std. Danach an den Wegeteilungen geradeaus in 25 Min. nach **Unter-Hundslanden**, 1186 m, worauf fast 100 Höhenmeter „verloren“ werden: Über **Grossleu** zur Mündung des Weges von Lehmen. Über den Bach, jenseits schwach linkshaltend und über das **Schwizerälpli** und die Potersalp zum Chammhalden. Südlich nach Schwägalp, wie bei Tour 7 auf den Säntis; von Weissbad 7½ Std.

Der Abstieg: Tour 8 leitet in den **Rotsteinpaß**, 2120 m. Gegenanstieg durch die Fliswand in ½ Std. zu einem Sattel. Rechts (links zum Altmann, s. Tour 50) in 40 Min. in den **Zwinglipaß**, 2011 m, auf dem man über den Chreialpfirst den **Mutschensattel**, 2069 m, erreicht; s. auch Tour 49. Abwärts über die Saxer Lücke nach Bollenwees, 1470 m. Wie bei Tour 46 nach Brülisau, 922 m, und durch den Chlustobel zum Ausgangsort.

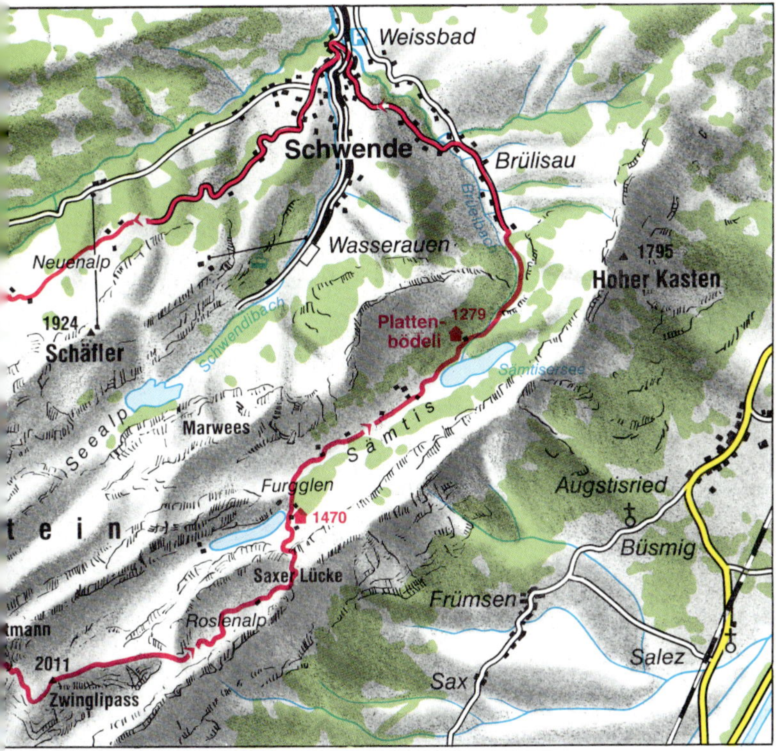

36 Potersalp

Von Lehmen aus dem Wissbachtal

Lehmen – Schwizerälpli – Potersalp – Böhlhütte – Lehmen

Ausgangspunkt: Lehmen, 968 m, im Tal des Wissbaches, südwestlich von Wasserauen. Von dort asphaltierte Zufahrtsstraße (4 km); keine Busverbindung.
Parkmöglichkeit: Beim Gasthaus zu Lehmen.
Gehzeiten: Lehmen – Potersalp 1¾ Std., Potersalp – Lehmen 1¼ Std. Insgesamt etwa 3 Std.
Anforderungen: Unschwierig; bei Nebel Orientierungsprobleme ab dem Berndlibach bis zur Potersalp.
Höchster Punkt: 1398 m, nach dem Schwizerälpli.
Einkehrmöglichkeiten: Auf den am Weg gelegenen Alphütten gibt es im Sommer zeitweise Milch.
Sehenswert: Instruktive Einblicke in die imposante Nordkette des Alpsteins von Ebenalp bis zum Säntis.

Der Anstieg: Bei den ersten Parkplätzen führt halblinks ein geteerter Weg über die Wiese in den Cholhüttenwald hoch. Dort unterschreitet man die Schäfler-Materialseilbahn. In mäßiger Steigung nach Vorderleu, 1048 m,

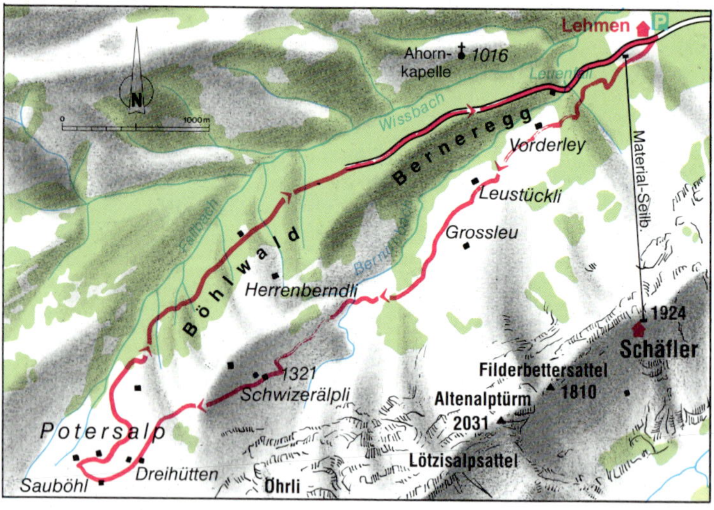

neben Leustückli und Grossleu eines der drei Alprechte, die der Weg anschließend durchzieht – ständig in Nordostrichtung. Links oben dräuen die abenteuerlichen Altenalp-Türme zwischen Filderbettersattel und Lötzlisalpsattel; im Nordwesten wölbt sich der Kronberg. Etwa ¾ Std. nach **Lehmen**

Zu Füßen der Säntis-Nordostkette verläuft der Weg in Richtung Potersalp.

mündet bei P. 1162 von links der bei Tour 35 beschriebene Weg. Abwärts, den Berndlibach überschreiten. Am anderen Ufer geradeaus (nicht rechts: Abstieg nach Lehmen), über **Herrenberndli** wieder ansteigen; die Alphütten Dunkelberndli bleiben links liegen. Die schmale Spur führt zunehmend steiler zum **Schwizerälpli**, 1321 m. In 10 Min. hinauf zu stumpfem Kammrücken. (Hier zweigt links der Zugang ab für die rot markierte Nasenlöcher-Route in die Hintere Öhrligrueb an der Basis des markanten Öhrli.) Abwärts, die Hänge querend, zu den bald sichtbar werdenden **Dreihütten**, 1355 m, wo sich die Sennen alljährlich bei der „Potersalper Stobete" treffen.

Der Rückweg: Auf dem geschotterten Sträßchen durch die sumpfige Mulde der Potersalp, rechts an Sauböhl vorbei, hinunter in den Böhlwald. Dort warten nach 1/4 Std. auf einer kleinen Lichtung die **Böhlhütte**, 1137 m, und ein Holzbrunnen. Der weitere Verlauf kann nicht verfehlt werden. Bald geht der Fahrweg in ein Sträßchen über, das parallel zum Wissbach bzw. zum Waldrücken Berneregg verläuft. Jenseits des Wissbaches steht die malerische Ahornkapelle. In etwa 20 Min. erreichen wir den Berndlibach, der unterhalb als Leuen-Wasserfall in die Tiefe stürzt. Von hier sind es nur noch 10 Minuten nach **Lehmen**.

37 Alp Sigel

Das Blumenparadies des Alpstein

Schwende – Bärstein – Zahme Gocht – Alp Sigel – Mans – Hüttentobel – Wasserauen

Talort: Schwende, 838 m, zwischen Weissbad und Wasserauen im Tal des Schwendibaches, südöstlich (4 km) von Appenzell. Jugendherberge.
Parkmöglichkeit: Am Bahnhof und vor dem Gasthof Edelweiß.
Gehzeiten: Schwende – Schaienegg ½ Std., Schaienegg – Zahme Gocht knapp 2 Std., Zahme Gocht – Ober-Mans ¾ Std., Ober-Mans – Wasserauen 1½ Std. Insgesamt etwa 4¾ Std. Rückfahrt von Wasserauen mit der Bahn (zu Fuß ½ Std.).
Anforderungen: Trittsicherheit und Schwindelfreiheit ratsam.
Höchster Punkt: 1662 m, Zahme Gocht.
Einkehrmöglichkeiten: Wasserauen-Bahnhof.
Sehenswert: Großartige Ausblicke. Auf der Alp Sigel prächtigste Flora des Alpsteins, besonders im Frühsommer; Pflückverbot!

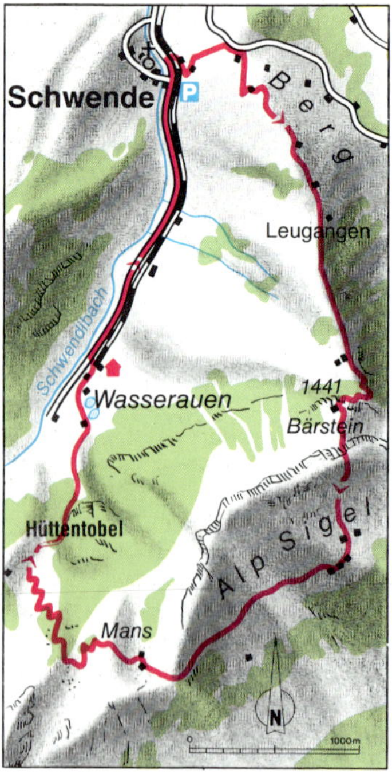

Der Anstieg: Vom Gasthof Edelweiß auf der Straße 50 m Richtung Appenzell, dann über die Geleise und scharf rechts in 5 Min. hinauf zum Gasthof Frohe Aussicht. Daran rechts vorbei und, den Grasspuren folgend, zur Brülisauer Straße. Rechts, nach 50 m die Straße rechts verlassen. Links am Hof Kollerers vorbei. Wenig später links, beim Anwesen Urchebuebes, 933 m, rechts halten und nun über den stumpfen Wiesenrücken zur **Schaienegg**, 1001 m. Auf den Alpwiesen von Leugangen erwarten uns die ersten umfassenden Ausblicke. Nach ½ Std. passiert der Weg mit den Chehrwiesen einen außergewöhnlichen Erosionstrichter. Am oberen Rand der Alpe umfängt uns ein östlicher Ausläuferstreifen des Laseierwaldes. Danach erneut über Wiesen, links an den Hütten von **Bärstein**, 1441 m, vorbei, auf dem Grasrücken bis an die Basis der Sigelwand. Kurz rechts,

Die Sigelwand vom Aufstieg ab Schwende.

dann links in eine felsige, schluchtartige Rinne (**Zahme Gocht**) und steil zur Kammhöhe, 1662 m, jenseits der sich die weitläufige Alp Sigel erstreckt. Rast beim Kreuz. An sehr klaren Tagen ist der Bodensee zu erkennen; von Schwende knapp 2½ Std.

Der Abstieg: Südlich in etwa 5 Min. hinunter zu den Alphütten, 1600 m; im Sommer Trinkmilch. Wegweiser: Mans. Bei der folgenden Hüttengruppe, 1581 m, hält man sich rechts und schlendert fast eben zum Bergföhrenwald am Südrücken des Sigelwandkammes. Abwärts, rechts um den Rücken herum zu den Hütten von **Ober-Mans**, 1552 m; von Schwende etwa 3 Std. Ab dem letzten Hüttchen links halten, zunächst eben, dann abwärts zur Wegeteilung auf Mar, 1433 m. Rechts, steil abwärts durch Wald und über Wiesen zum Querweg, der rechts der Chlihütten betreten wird. Auf ihm rechts in den wilden, stellenweise geländergesicherten Hüttentobel. Am unteren Waldrand über den Bach und dem Wiesenweg folgend, zum Bahnhof Wasserauen, 868 m.

38 Alp Sigel

Überschreitung zum Sämtisersee

Schwende – Bärstein – Zahme Gocht – Alp Sigel – Plattenbödeli – Sämtisersee – Brülisau – Schwende

Talort: Schwende, 838 m, zwischen Weissbad und Wasserauen im Tal des Schwendibaches, südöstlich (4 km) von Appenzell. Jugendherberge.
Parkmöglichkeit: Am Bahnhof und vor dem Gasthof Edelweiß.
Gehzeiten: Schwende – Schaienegg ½ Std., Schaienegg – Zahme Gocht knapp 2 Std., Zahme Gocht – Sämtisersee 1¼ Std. – Sämtisersee – Brülisau knapp 1 Std., Brülisau – Schwende knapp ½ Std. Insgesamt etwa 5 Std.
Anforderungen: Trittsicherheit ratsam.
Höchster Punkt: 1662 m, Zahme Gocht.
Einkehrmöglichkeiten: Gasthaus Plattenbödeli und in Brülisau.
Sehenswert: Großartige Ausblicke. Auf der Alp Sigel prächtigste Flora des Alpsteins, besonders im Frühsommer; Pflückverbot!

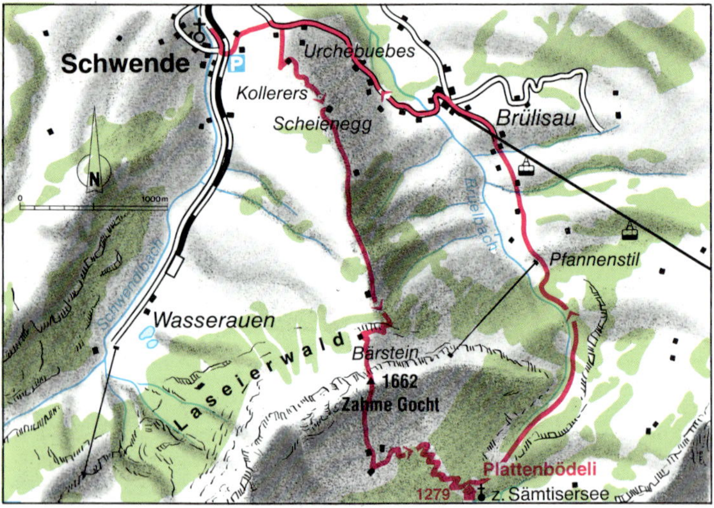

Der Anstieg: Vom Gasthof Edelweiß auf der Straße 50 m Richtung Appenzell, dann über die Geleise und scharf rechts in 5 Min. hinauf zum Gasthof Frohe Aussicht. Daran rechts vorbei und den Grasspuren folgend, zur Brülisauer Straße. Rechts, nach 50 m die Straße rechts verlassen. Links am Hof Kollerers vorbei. Wenig später links, beim Anwesen Urchebuebes, 933 m, rechts halten und nun über den stumpfen Wiesenrücken zur **Schaienegg**, 1001 m. Auf den Alpwiesen von Leugangen erwarten uns die ersten

Brülisau am Abstieg von der Alp Sigel; im Hintergrund der Hohe Kasten.

umfassenden Ausblicke. Nach ½ Std. passiert der Weg auf den Cherwiesen einen außergewöhnlichen Erosionstrichter. Am oberen Rand der Alpe umfängt uns ein östlicher Ausläuferstreifen des Laseierwaldes. Danach erneut über Wiesen, links an den Hütten von **Bärstein**, 1441 m, vorbei auf dem Grasrücken bis an die Basis der Sigelwand. Kurz rechts, dann links in eine felsige, schluchtartige Rinne (**Zahme Gocht**) und steil zur Kammhöhe, 1662 m, empor, jenseits der sich die weitläufige Alp Sigel erstreckt. Rast beim Kreuz. An klaren Tagen sei der Bodensee zu erkennen; von Schwende knapp 2½ Std.

Der Abstieg: Südlich in etwa 5 Min. hinunter zu den Alphütten, 1600 m; im Sommer Trinkmilch. Wegweiser: Brülisau. Linkshaltend über Wiesen. Dann durch ein Waldstück und kehrenreich durch die Schneise Chrutzug in 25 Min. zum Gasthaus **Plattenbödeli**, 1279 m. Unweit davon steht das Kapellchen Mariä Heimsuchung; Ende Juli bis Ende August sonntags 11.00 Uhr hl. Messe.

Den Abstecher (10 Min.) zum **Sämtisersee**, 1209 m, darf man nicht unterlassen. Er besitzt keinen sichtbaren Abfluß, sondern entwässert sich durch ein Höhlensystem zum Rheintal hin. Wieder zurück, und nun in den schattig-kühlen Brüeltobel. Nach etwa 35 Min. geht es ab Pfannenstil, 940 m, auf dem Teersträßchen weiter, in ¼ Std. nach **Brülisau**, 922 m. Abschließend auf der Straße, in 25 Min. zum Herweg.

39 Ebenalp, 1640 m

Von Wasserauen über das Wildkirchli

Wasserauen – Wildkirchli – Ebenalp

Talort / Ausgangspunkt: Wasserauen, 868 m, Bahnstation und Hotel Alpenrose südlich (6 km) von Appenzell.
Parkmöglichkeit: Zwischen Bahnhof und Hotel Alpenrose.
Gehzeiten: Wasserauen – Ebenalp ca. 2½ Std. Abstieg 1¾ Std. Insgesamt 4¼ Std. Verkürzung mittels Seilbahn.
Anforderungen: Trittsicherheit und Schwindelfreiheit ratsam.
Höchster Punkt: 1640 m, Ebenalp.
Einkehrmöglichkeiten: Äscher-Wildkirchli, Ebenalp.

Sehenswert: Wildkirchli, ein ausgedehntes Höhlensystem, eine der höchstgelegenen Kulturstätten Westeuropas. Grabungen erbrachten Funde von Steinwerkzeugen aus der Zeit um 40 000 bis 30 000 v. Chr. sowie Knochenreste von Höhlenbären – sie waren fast doppelt so groß wie Braunbären –, Höhlenlöwen und -panthern, Wölfen und Luchsen sowie anderer, noch nicht ausgestorbener Alpentiere. Heute lebt in den Höhlen nur noch die Zwergspitzmaus, das kleinste Säugetier nördlich der Alpen.

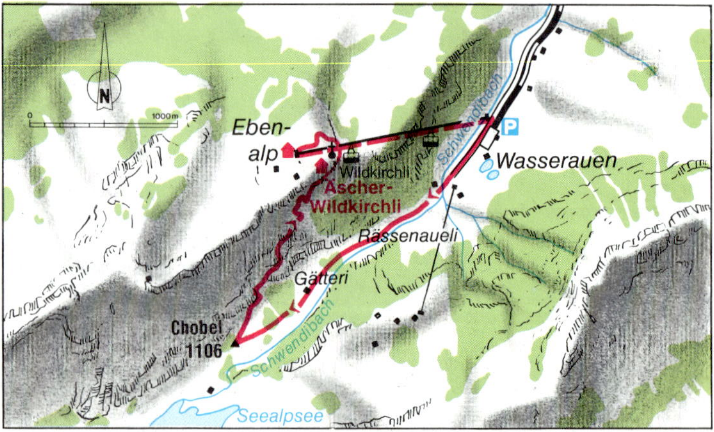

Der Anstieg: Vom Hotel Alpenrose talein, rechts über den Schwendibach und noch etwa ½ Std. in Richtung Seealpsee. Dann beim Chobel, 1106 m, einer Felswand, spitzwinkelig rechts und schräg durch den Hang ansteigen.
Etwa ¼ Std. später folgen einige Kehren. Der streckenweise schmale und ausgesetzte Pfad nutzt geschickt die natürlichen Gegebenheiten des von Steilabstürzen durchzogenen Hanges und schlängelt sich zum Gasthaus **Äscher-Wildkirchli**, 1450 m. Es schmiegt sich an die steil aufragende Wand

(Kletterrouten) und stellt zweifellos einen der reizvollsten Plätze im Alpstein dar; vom Ausgangspunkt knapp 1¾ Std. Nach der Gaststätte erinnert an der Felswand eine 1902 vom Alpsteinklub enthüllte Tafel an den deutschen Schriftsteller Joseph Viktor von Scheffel (1826 – 1886), der in seinem romantischen Werk „Ekkehard“ den Äscher pries.
Die luftige, im Fels verankerte Steiganlage bringt uns zur Altarhöhle bzw. Felsenkapelle: Stiftung (1656) von Pfarrer Dr. Paulus Ullmann, der hier mehrere Jahre als Einsiedler verbrachte. Das hölzerne Glockentürmchen stammt aus dem 19. Jh. Die zugemauerte Kellerhöhle im Hintergrund der Altarhöhle dient als Wasserreservoir. Weiter zur nahen Gasthaushöhle. Im sogenannten „Eremitenhaus“ lebten von 1658 bis 1853 die Einsiedler; heute birgt das Blockhaus ein kleines Wildkirchli-Museum. Hier dringen wir in den Ebenalpstock ein, dem wir durch das „Dunkle Loch“ der Oberen Höhle entsteigen. Von dort in ¼ Std. hinauf zur Seilbahn-Bergstation und zum nahen Berggasthaus **Ebenalp**, 1630 m, unterhalb des höchsten Punktes, 1640 m, mit einem Kreuz und instruktiver Aussicht.
Der Abstieg: Wie Aufstieg, oder mit der Seilbahn.

Die Felsenkapelle vor der Altarhöhle des Wildkirchli.

40 Schäfler, 1924 m

Von der Ebenalp durch das Wildkirchli

Ebenalp – Wildkirchli – Chlus – Schäfler

Talort: Wasserauen, 868 m, Bahnstation südlich (6 km) von Appenzell.
Parkmöglichkeit: Talstation der Ebenalp-Seilbahn.
Ausgangspunkt: Bergstation der Ebenalp-Seilbahn, 1590 m, von Wasserauen; erste Gondel 7.40 Uhr.
Gehzeiten: Ebenalp – Schäfler 2 Std., Rückweg 1 Std. Insgesamt 3 Std.
Anforderungen: Trittsicherheit und Schwindelfreiheit; bei Nässe unangenehm und gefährlich!
Höchster Punkt: 1924 m, Schäfler.
Einkehrmöglichkeiten: Äscher-Wildkirchli, Schäfler, Gasthaus Ebenalp.
Sehenswert: Wildkirchli, s. Tour 39.

Der Wegverlauf: Von der Seilbahn-Bergstation 10 Min. hinunter zum Eingang, dem sogenannten „Dunklen Loch“ (Obere Höhle) des **Wildkirchli-Höhlensystems**. Auf gutem Weg (Geländer) durch das Halbdunkel abwärts zur Gasthaushöhle. Die Blockhütte, das sogenannte „Eremitenhaus“ – dort lebten von 1658 bis 1853 fromme Einsiedler –, stellt ein kleines Wildkirchli-Museum dar. Es folgt das eigentliche Wildkirchli, die Altarhöhle. Diese Felsenkapelle, der im 19. Jh. ein hölzernes Glockentürmchen vorgesetzt wurde, entstand als solche 1656 durch Pfarrer Dr. Paulus Ullmann, dem ersten Eremiten. Der 1784 bemalte Holzaltar erfuhr 1986 eine Restaurierung. Die zugemauerte Kellerhöhle im Hintergrund der Altarhöhle dient als Wasserreservoir. An den Abstürzen des Ebenalpstockes auf luftigem

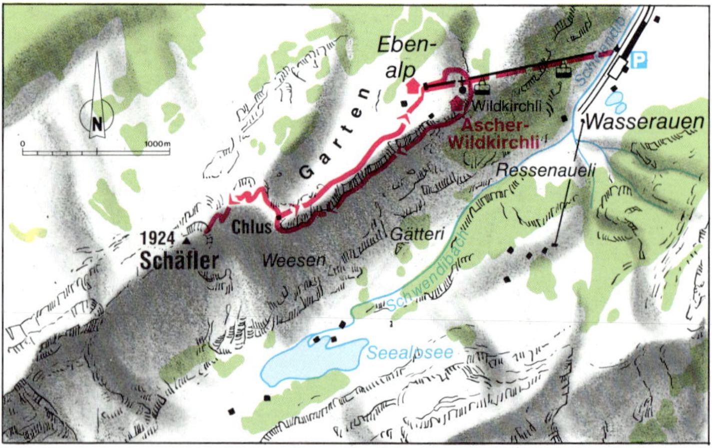

Am Wildkirchli zwischen Altarhöhle und Gasthaus.

hölzernen Steig zum Gasthaus Äscher-Wildkirchli, 1460 m, einem Aussichtsbalkon ersten Ranges. Kurz vor dem Gasthaus brachte der Alpsteinklub 1902 am Fels eine Gedenktafel für den deutschen Schriftsteller Joseph Viktor von Scheffel (1826 – 1886) an, der in seinem historischen Werk „Ekkehard“ die Schönheit und Romantik des Äscher schildert.

Anstieg zum Schäfler: Noch ein kurzes Stück abwärts zu einer Gabelung (Wegweiser). Hier auf dem oberen Pfad an der Basis von teilweise überhängenden Felsbastionen mäßig ansteigen. Etwa 10 Min. später sind wir bei einer Kreuzung. Rechts leitet der „Füeßlerweg“, ein weiter oben natursteingepflasterter Steig, in den **Füeßlersattel**, aus dem es links zum Schäfler geht. Reizvoller erweist sich aber der mittlere Weg, unterhalb der Zislerwand. Wo ihre Abstürze rechts einschwenken, wendet sich auch der Pfad rechts. Am Ende der Felsen rechts hoch zur nahen **Chlus**, 1726 m, am Querweg von der Ebenalp. Linkshaltend (nordwestlich) hinauf zum Schäflerrücken und über ihn zum Berggasthaus **Schäfler**, 1924 m, einem der großen Balkone des Alpsteins.

Abstieg: Zurück in 20 Min. zu den Hütten der **Alp Chlus**, 1726 m. Anschließend auf der Nordseite des Zislergrates zum **Füeßlersattel**, 1623 m, und am Gasthaus **Ebenalp** vorbei zur Seilbahn.

41 Seealpsee, 1141 m

Über den Schrennenweg

Wasserauen – Seealpsee – Schrennen – Hüttentobel – Wasserauen

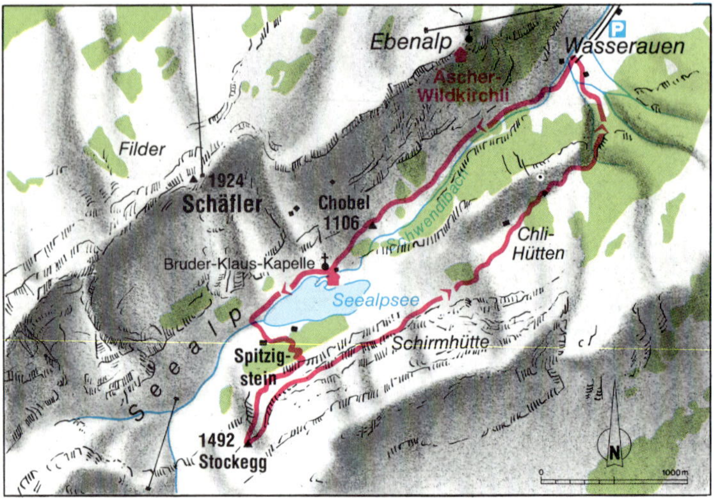

Talort / Ausgangspunkt: Wasserauen, 868 m, Bahnstation und Hotel Alpenrose südlich (6 km) von Appenzell.

Parkmöglichkeit: Zwischen Bahnhof und dem 300 m entfernten Hotel Alpenrose.

Gehzeiten: Wasserauen – Seealpsee 3/4 Std., Seealpsee – Beginn des Schrennenweges 1 1/4 Std., Schrennenweg – Wasserauen 1 1/2 Std. Insgesamt 3 1/2 Std.

Anforderungen: Trittsicherheit und Schwindelfreiheit ratsam.

Höchster Punkt: 1534 m, am Schrennenweg.

Einkehrmöglichkeiten: Am Seealpsee die Alphütte Spitzigstein (dort gibt es Milch).

Sehenswert: Seealpsee. Dort schöne Ausblicke zum Altmann, auf das kühngeformte Horn der Rossmad und zum Säntis.

Der Anstieg: Vom Hotel Alpenrose, 876 m, talein auf dem Fahrsträßchen und rechts über den Schwendibach, vorbei am Elektrizitätswerk und in gleichmäßiger Steigung bergauf zum Chobel, 1106 m, einer überhängenden Felswand. Die Rechtsabzweigung zum Äscher-Wildkirchli-Ebenalp (s. Tour 39) gilt nicht. Wir wandern weiter taleinwärts, noch etwa 5 Minuten zu den Hotels, bei denen sich die Bruder-Klaus-Kapelle versteckt. Weiter

Seealpsee und Talhintergrund.

am Nordufer des Seealpsees, 1141 m, auf breitem Weg in Richtung Talhintergrund, auf dem verstreute Alphütten stehen – in grandioser alpiner Umgebung. Am Seende links zur Almhütte **Spitzigstein**; vom Ausgangspunkt 1 Std. Der kürzeste Weg (ca. 1 Std.) zurück nach Wasserauen wendet sich kurz hinter der Almhütte links, sozusagen „rond omm“ den See. Eindrucksvoller ist jedoch folgende Route: An der Gabelung geradeaus in den Wald und in Kehren steil aufwärts zur Basis der Felswand, welche man mit dem sogenannten „Unterstrich“ überlistet. Anschließend rechts, vorbei am **„Teufelskirchli“**, auf dem Absatz waagrecht queren, danach hoch, schräg links über einen felsigen Tobel ansteigen zu P. 1492 beim Chrüzböhl; ab Wasserauen etwa 2 Std.
Rückweg: Scharf links (rechts gute 10 Min. zur Meglisalp). Herrlicher Bummel in erhabener Landschaft auf dem Schrennenweg – 400 m höher als der Seealpsee. Am **Stockegg** ist der Scheitelpunkt des Weges erreicht. Er führt fast eben dahin. Im „Schrennhüttchen“ (1464 m, auf der Karte Schirm-Hütte) nächtigten einst die Säntis-Träger auf ihrem langen Marsch von Wasserauen. Etwa 5 Min. später abwärts, durch ein Waldstück (Hogsberer) und über Wiesen zu jener Stelle am Waldrand, bei welcher der kürzere Weg mündet. Am Waldrand entlang und zu den **Chlihütten**, 1200 m. Jetzt dauert es nicht mehr lange, bis uns der wilde Hüttentobel umfängt. Steil im Wald bergab, stellenweise geländergesichert. Am unteren Waldrand, vor dem Bächlein, schwach linkshaltend über Wiesen zum Gasthaus Alpenrose.

42 Säntis, 2503 m

Vom Seealpsee

Seealpsee – Mesmer – Wagenlücke – Säntis

Talort: Wasserauen, 868 m, Bahnstation und Hotel Alpenrose südlich (6 km) von Appenzell.
Parkmöglichkeit: Zwischen Bahnhof und Hotel Alpenrose.
Ausgangspunkt: Seealpsee, 1141 m, südwestlich von Wasserauen. Von dort ¾ Std. Zwei Hotels, geöffnet von Pfingsten bis Ende Oktober.
Gehzeiten: Seealpsee – Mesmer 1½ Std., Mesmer – Wagenlücke 1½ Std., Wagenlücke – Säntis 1¼ Std., Abstieg 3¼ Std. Insgesamt 7¼ Std.
Anforderungen: Trittsicherheit und Schwindelfreiheit notwendig; im „Mesmer-Kamin" sowie am Gipfelaufbau drahtseilgesichert. Bei Schnee am Säntis ist von der Tour abzuraten!
Höchster Punkt: 2503 m, Säntis.
Einkehrmöglichkeiten: Gasthaus Mesmer und am Säntis. Geöffnet von Pfingsten bis Ende Oktober, das Säntis-Hotel ganzjährig; jeweils auch Übernachtungsmöglichkeiten.
Sehenswert: Vom Säntis nahezu unvergleichliche Rundsicht.

Der Säntis markiert den höchsten Gipfel des Alpstein. Das Wetter-Observatorium arbeitet seit 1882, war aber bis 1887 im Gasthaus untergebracht, das der Meglisalpwirt Josef Anton Dörig im Jahre 1868 erbaut hatte.

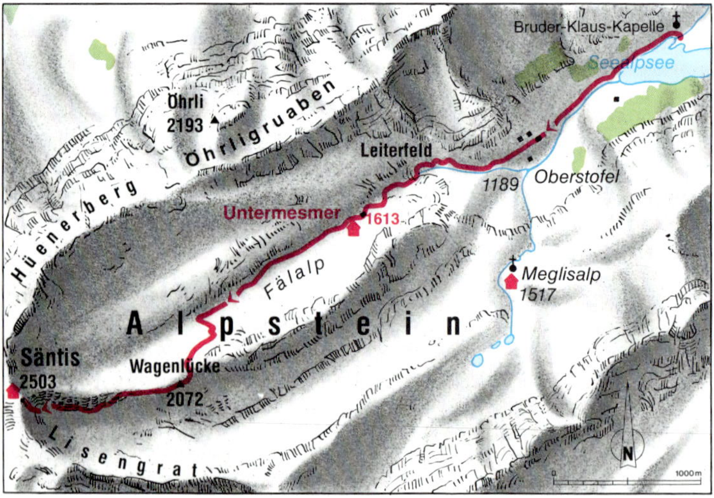

Der Anstieg: Zunächst am nordwestlichen Seeufer entlang. Anschließend rechts, neben dem Zufluß her, über den flachen Boden der Seealp und die

Hütten von **Oberstofel**, 1189 m, passieren. Danach nimmt die Steigung zu. Die Spur windet sich kehrenreich zwischen den Felsblöcken des Leiterfeldes durch, hinauf zum **Unter-Mesmer**, dem Berggasthof Mesmer, 1613 m, den 1944/45 eine Lawine zerstörte. Ein Wegweiser erklärt „Wagenlücke/Säntis". Taleinwärts über die mit Felstrümmern bedeckte Fälalp zu einer Art Barriere, welche von den oftmals noch im Sommer firngefüllten, sogenannten „Mesmer-Kaminen" gebildet wird: drei nebeneinander hochziehende Rinnen. Die rechte Rinne ist mittels Drahtseilsicherungen gangbar. Danach hält sich die Route links, führt über den Lochtemrücken, und jenseits aus der Geröllmulde im Zickzack in die **Wagenlücke**, 2072 m: prächtiger Blick auf den Altmann; vom Ausgangspunkt 3 Std.
Jenseits etliche Meter abwärts. Dann biegt man scharf rechts in den von der Meglisalp kommenden Weg ein, der ab hier die Südflanken des Bösegg traversiert. Rechts oben zeigt sich das Eisenkreuz auf dem Bösegg, links verläuft jenseits der Hochkarmulde der leichtgewölbte Lisengrat. Später geht es oberhalb des Großen Schnee (Firnfeld) durch den Hang. Dort erwarten uns künstliche Stufen und Drahtseilsicherungen, mit deren Hilfe der Säntis gewonnen wird; vom Seealpsee 4¼ Std.
Abstieg: Wie Aufstieg. Oder Rundwanderung über Lisengrat – Rotsteinpaß – Meglisalp – Seealpsee wie bei Tour 43; insgesamt nur etwa 20 Min. länger, jedoch abwechslungsreicher.

Säntis von Osten.

43 Säntis – Seealpsee

Über den Lisengrat

Seealpsee – Mesmer – Wagenlücke – Säntis – Lisengrat – Rotsteinpaß – Meglisalp – Seealpsee

Talort: Wasserauen, 868 m, Bahnstation und Hotel Alpenrose südlich (6 km) von Appenzell.
Parkmöglichkeit: Zwischen Bahnhof und Hotel Alpenrose.
Ausgangspunkt: Seealpsee, 1141 m, südwestlich von Wasserauen. Von den Parkplätzen 3/4 Std. Zwei Hotels, geöffnet Pfingsten bis Ende Oktober.
Gehzeiten: Seealpsee – Säntis 4 1/4 Std., Säntis – Rotsteinpaß knapp 1 Std., Rotsteinpaß – Meglisalp 1 1/4 Std., Meglisalp – Seealpsee 1 Std. Insgesamt 7 1/2 Std.
Anforderungen: Trittsicherheit und Schwindelfreiheit notwendig. Im „Mesmer-Kamin", am Gipfelaufbau sowie am Lisengrat sind Drahtseile vorhanden. Bei Schnee am Säntis muß von der Tour abgeraten werden!
Höchster Punkt: 2503 m, Säntis.
Einkehrmöglichkeiten: Gasthaus Mesmer und am Säntis, Rotsteinpaß, Meglisalp; jeweils auch Übernachtungsmöglichkeiten, geöffnet von Pfingsten bis Ende Oktober.
Sehenswert: Vom Säntis nahezu unvergleichliche Rundsicht.

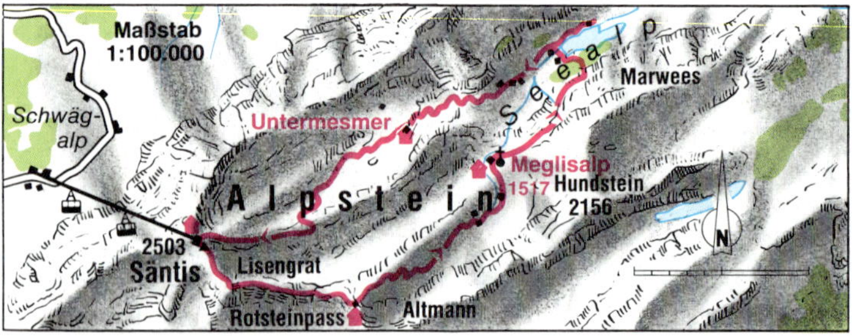

Der Anstieg: Wie bei Tour 42 in 4 1/4 Std. auf den Säntis, 2503 m.
Lisengrat: Vom alten Säntis-Gasthaus, das etwas unterhalb des Gipfels steht und bereits 1868 erbaut wurde, folgt man dem schmalen Felsweg (Drahtseilsicherungen) zu einer Grateinsenkung.
Der anschließende Aufschwung wird mit Hilfe künstlicher Tritte und einem Drahtseil bewältigt. Danach abwärts auf dem breiten Rücken des Chalbersäntis. Weiter unten erwartet uns eine luftige, jedoch sehr gut gesicherte Felsquerung. Danach kurzer Gegenanstieg (Sicherung), worauf sich der Weg endgültig senkt. Anfangs noch ziemlich steil (Drahtseil), dann flacher zur Hütte am **Rotsteinpaß,** 2120 m, zu Füßen der Fliswand. Mit etwas Glück entdeckt man in der Umgebung Steinböcke! Vom Ausgangspunkt etwa 5 1/4 Std.

Auf dem Gipfel des Säntis.

Abstieg und Rückweg: Nordöstlich, am oberen Rand der Geröllmulde und über die Hänge der Schafmahd in das weitläufiger werdende Hochtal. Die Hütten von Oberchellen, 1665 m, bleiben zurück. Bei den Hütten am **Spitzigstein**, 1620 m, zeigt der Wegweiser eindeutig links zur **Meglisalp**, 1517 m, wo man 10 Min. später eintrifft. Die bereits im 9. Jh. erwähnte Alp war abgabepflichtig an das Kloster St. Gallen.
Beim Gasthaus rechts, an der Kapelle vorbei, etwa 10 Minuten weiter, worauf rechts die Umgehung mündet. An der nächsten Gabelung, 1492 m, links abwärts (geradeaus der Schrennenweg). Etwas später setzt eine horizontale Rechtsquerung an, bis zum „Teufelskirchli". Eine Öffnung der Felsbarriere nutzend, leitet der sogenannte „Unterstrich" mittels etlicher Kehren hinab in den Wald und steil zur Alphütte **Spitzigstein** am Südwestufer des **Seealpsees.**

44 Hoher Kasten, 1795 m

Auf den „Rigi der Ostschweiz"

Brülisau – Ruhsitz – Hoher Kasten – Hasenplatte – Brülisau

Talort / Ausgangspunkt: Brülisau, 922 m, Dorfkern südöstlich (5 km) von Appenzell, am Fuße des Hohen Kasten. Nächste Bahnstation im 2 km entfernten Weissbad. Von dort auch Busverbindungen.
Parkmöglichkeit: An der Seilbahn-Talstation bzw. zwischen Kirche und Hotel Krone.
Gehzeiten: Brülisau – Ruhsitz 1¼ Std., Ruhsitz – Hoher Kasten 1 Std., Abstieg 1½ Std. Insgesamt 3¾ Std. Bei Inanspruchnahme der Seilbahn 2¼ Std. kürzer.
Anforderungen: Trittsicherheit ratsam; ansonsten unschwierig.
Höchster Punkt: Hoher Kasten, 1795 m.
Einkehrmöglichkeiten: Ruhsitz, Hoher Kasten; Übernachtungsmöglichkeit.
Sehenswert: Vom Hohen Kasten prächtige Ausblicke ins Rheintal, zu den Bündner und Glarner Alpen sowie über das Mittelland und auf die drei Alpsteinketten.

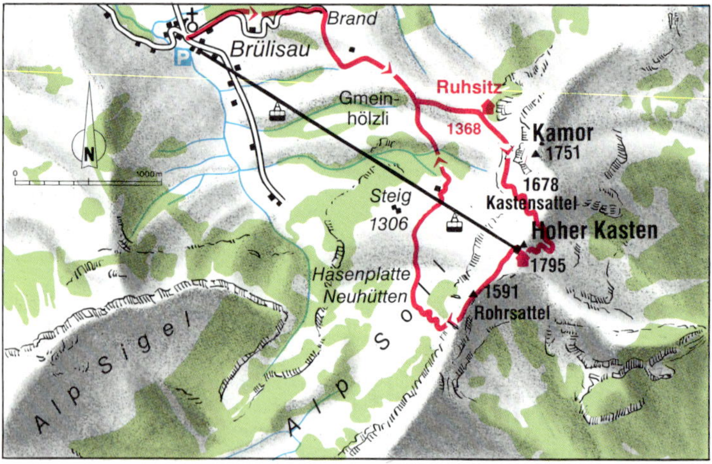

Die Pfarrkirche entstand 1879 an der Stelle eines mittelalterlichen Turmes. Bis dahin kamen die Kapläne von Appenzell zu Pferd ins Brüeltal als Seelsorger.

Der Anstieg: Rechts neben der Kirche dem asphaltierten Fahrweg durch Wiesen folgen. An der Gabelung noch etliche Schritte geradeaus, worauf der Wanderweg rechts abzweigt. Nun spürbar steiler am Waldrand entlang, später mit dem Fahrweg zu den beiden Höfen von **Brand.** Weiter auf dem

Hoher Kasten von Südwesten (Kastensattel).

breiten Weg in 1/4 Std. zur Kreuzung. Hier rechts, etwa 1/4 Std. an der Gabelung, 1234 m, später (Mündung des Abstieges) geradeaus über den stumpfen Grasrücken in etwa 20 Minuten zum Gasthaus **Ruhsitz**, 1368 m. Anschließend zieht sich der gutausgebaute Weg unter der Kamorwand dahin, wo 1833 der letzte Lämmergeier im Alpstein gesichtet wurde. An ihrem Ende links kehrenreich steil empor in den **Kastensattel**, 1678 m. Halblinks die Ostflanken des Kammes – hoch über dem Rheintal – queren, einer Felsbarriere rechts ausweichend, und in Serpentinen hinauf zum **Hohen Kasten**, 1795 m; von Brülisau 2 1/4 Std.
Der Abstieg: In 1/4 Std. zurück in den **Kastensattel**, 1678 m. Scharf links, in Südrichtung unter den Nordwestabstürzen des Berges vorbei und in etwa 10 Min. zur Informationstafel des 1971 von Hans Heierli eröffneten, ersten Geologischen Wanderweges der Schweiz. Etwas später, beim **Rohrsattel**, 1591 m, wird der Lehrpfad halbrechts verlassen. Die gelbe Tafel zeigt u. a. nach Brülisau. Dem Pfad etwa 150 m folgen, dann rechts, über den Hang hinab zu den **Neuhütten** und zum Hof **Hasenplatte**. Weiter abwärts zu einem Kreuz, 1311 m. Rechts die Seilbahn unterschreiten. Es folgt ein Waldstück. Danach über Wiesen und durch das Gmeinhölzli zum bekannten Aufstiegsweg, 1234 m, der uns wieder nach Brülisau leitet.

45 Hoher Kasten – Sämtisersee

Überschreitung von Brülisau

Brülisau – Hoher Kasten – Staubern – Sämtisersee – Brülisau

Talort / Ausgangspunkt: Brülisau, 922 m, weitverstreute Ortschaft, Dorfkern südöstlich (5 km) von Appenzell, am Fuße des Hohen Kasten. Nächste Bahnstation in Weissbad (2 km, Busverbindungen).
Parkmöglichkeit: An der Seilbahn-Talstation bzw. neben der Kirche.
Gehzeiten: Brülisau – Ruhsitz 1¼ Std., Ruhsitz – Hoher Kasten 1 Std., Hoher Kasten – Staubern 2 Std., Staubern – Sämtisersee 1 Std., Sämtisersee – Brülisau 1 Std. Insgesamt 6¼ Std. Bei Seilbahn-Benützung 2¼ Std. kürzer.
Anforderungen: Trittsicherheit notwendig. Bei Nässe stellenweise gefährlich (Abstieg zum Sämtisersee).
Höchste Stelle: Hoher Kasten, 1795 m.
Einkehrmöglichkeiten: Ruhsitz, Hoher Kasten, Staubern, Plattenbödeli; jeweils auch Übernachtung.
Sehenswert: Vom Hohen Kasten prächtige Blicke ins Rheintal, über die drei Alpsteinketten sowie über das Mittelland zu den Bündner- und Glarner Alpen. Aufschlußreiche Informationen am Geologischen Wanderpfad. Großartig gelegener Sämtisersee.

Der Anstieg: Wie bei Tour 44 in etwa 2¾ Std. auf den **Hohen Kasten**, 1795 m, und zum **Rohrsattel**, 1591 m. Weiter mit dem rot markierten, geologischen Wanderweg, vorbei am Wännelisattel. Der genußvolle Höhenpfad verläuft streckenweise in der Nordwestflanke des Stauberenfirstes, im großen und ganzen aber auf dem Kamm, informativ begleitet von Tafeln des geologischen Lehrpfades. Etwa 2 Std. nach dem Hohen Kasten trifft man beim Gasthaus **Staubern**, 1750 m, ein, hinter dem sich das „Känzli“, die Stauberenchanzlen aufbäumt; von Brülisau 4¼ Std.
Der Abstieg: Östlich des Gasthauses beginnt der Steig zum Sämtisersee. Zunächst etliche Minuten über Wiesen nordwärts, worauf sich der Pfad links wendet. Kehren leiten in eine plattige Rinne. Danach horizontal links zur Basis des

Wandgürtels. Weiterhin mit Kehren, nun über freie Hänge abwärts. Die Rainhütten, 1437 m, bleiben links liegen. Rechtshaltend auf dünner Spur den Gürtel des Rhodwaldes durchqueren und über Wiesen zum ebenen Hochtalboden und zum westlichen Ufer des **Sämtisersees**, 1209 m; vom Hohen Kasten 3¼ Std. Rechtshaltend, zunächst in Ufernähe, danach bergan durch Wald zum Gasthaus **Plattenbödeli**, 1279 m. Südlich steht in einer Lichtung die zierliche Kapelle Mariä Heimsuchung; Ende Juni bis Ende August sonntags hl. Messe um 11.00 Uhr. Der schattig-kühle Brüeltobel nimmt uns auf. Kurz vor dem Verlassen des Waldes erinnert rechts an einer Felswand eine Tafel an Georg Baumberger (1855 – 1931), einen Dichter und Freund des Appenzeller Landes. Etwa ½ Std. nach dem Plattenbödeli betritt man bei **Pfannenstil**, 940 m, die Teerstraße und gelangt auf ihr in ¼ Std. nach **Brülisau** zum Ausgangspunkt zurück.

Blick vom Höhenweg über den Sämtisersee zum überragenden Altmann.

46 Hoher Kasten – Fälensee

Auf dem Geologischen Wanderweg zum Fälensee

Brülisau – Ruhsitz – Hoher Kasten – Staubern – Saxer Lücke – Fälensee – Bollenwees – Sämtisersee – Brülisau

Talort / Ausgangspunkt: Brülisau, 922 m, Dorfkern südöstlich (5 km) von Appenzell, am Fuß des Hohen Kasten. Nächste Bahnstation in Weissbad (2 km, Busse).
Parkmöglichkeit: Neben der Kirche, unweit der Seilbahn-Talstation.
Gehzeiten: Brülisau – Ruhsitz 1¼ Std., Ruhsitz – Hoher Kasten 1 Std., Hoher Kasten – Staubern 2 Std., Staubern – Saxer Lücke 1 Std., Saxer Lücke – Bollenwees 20 Min., Bollenwees – Sämtisersee 1 Std., Sämtisersee – Brülisau 1 Std. Insgesamt 7½ – 7¾ Std. Bei Benützung der Seilbahn 2¼ Std. kürzer.
Anforderungen: Trittsicherheit notwendig; kurzes Stück drahtseilgesichert.
Höchster Punkt: 1813 m, am Furgglenfirst.
Einkehrmöglichkeiten: Ruhsitz, Hoher Kasten, Staubern, Bollenwees, Plattenbödeli; jeweils auch Übernachtungsmöglichkeiten.
Sehenswert: Vom Hohen Kasten – Rigi der Ostschweiz – umfassende Ausblicke, vor allem zu den drei Alpsteinketten. Lehrreiche Informationen (14 Tafeln) auf dem 1971 eröffneten Geologischen Wanderweg ab dem Hohen Kasten. Eindrucksvolle Landschaftsszenerien um die Saxer Lücke (Kreuzberge) und am Fälensee.

Der Anstieg: Von Brülisau wie Tour 44 und 45 in 4¼ Std. zum Gasthaus **Staubern**, 1750 m. Anschließend rechtshaltend am Nordfuß der Stauberen-

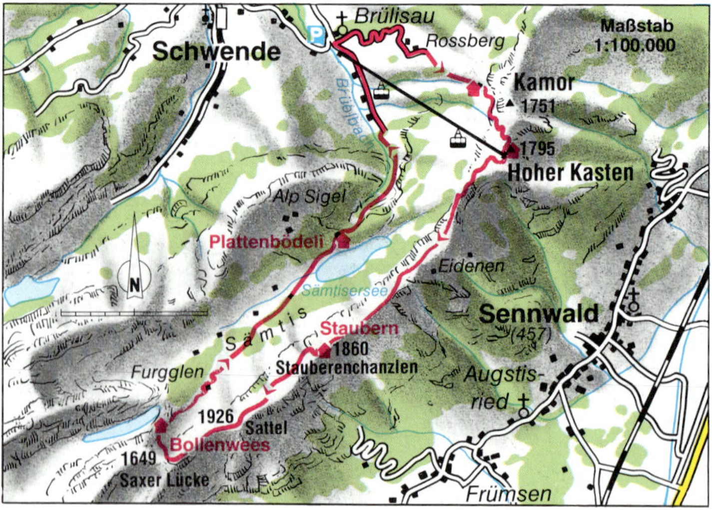

Berggasthaus Staubern mit der Stauberenchanzlen.

chanzlen ansteigen in ein Schärtchen. Dahinter felsig und steil (Sicherungen) abwärts. Erneut kurzer Aufstieg. Bald wird der Fälensee sichtbar. Unsere Route durchmißt unterhalb der „Hüser“ fast horizontal den Hang des Furgglenfirstes, den man bei P. 1813 gewinnt. Jetzt in genußvoller Kammwanderung über den Bollenweeser Schafberg und schließlich angesichts der kühnen Kreuzberge hinunter in die **Saxer Lücke**, 1649 m.
Aus der Scharte nördlich auf steinigem Weglein in 1/4 Std. zum Gasthaus Bollenwees beim **Fälensee**, einem Glanzpunkt der Schweizer Alpen; vom Hohen Kasten etwa 3 1/4 Std.
Der Rückweg: Talaus, zunächst ein Stück bergan, worauf sich der Fahrweg in Serpentinen (Abkürzungen möglich!) senkt, über das Geisserhüttli (Trinkmilch). Etwa 1/2 Std. nach Bollenwees nimmt uns der Rhodwald auf. Gute 5 Min. später tritt der Sämtisersee ins Blickfeld. Den Zufluß auf einem Balkensteg überschreiten und am Nordwestufer des Sämtisersees, 1209 m, in 10 Min. hinauf zum **Gasthof Plattenbödeli**, 1279 m. Auf einer Lichtung südlich des Gasthauses steht die kleine Kapelle Mariä Heimsuchung; Ende Juni bis Ende August jeden Sonntag um 11.00 Uhr hl. Messe. In der Folge taucht man in den Brüeltobel ein. Kurz vor dem Verlassen des Waldes erinnert rechts am Fels eine Tafel an Georg Baumberger (1855 – 1931), Dichter und Freund des Appenzeller Landes. Etwa 1/2 Std. nach dem Plattenbödeli kommen wir bei **Pfannenstil**, 940 m, auf eine Teerstraße, die uns 1/4 Std. später in Brülisau „abliefert“.

47 Sämtisersee – Fälensee

Von Brülisau nach Bollenwees

Brülisau – Sämtisersee – Sämtisalp – Bollenwees – Sämtisersee – Brülisau

Talort: Brülisau, 922 m, weitverstreute Ortschaft, Dorfkern südöstlich (5 km) von Appenzell, am Fuße des Hohen Kasten. Nächste Bahnstation in Weissbad (2 km, Busverbindungen).
Ausgangspunkt: Gebührenpflichtiger Parkplatz südöstlich (1,1 km) von Brülisau am Ende des Teersträßchens beim Bauernhof, 940 m.
Gehzeiten: Brülisau-Parkplatz – Sämtisersee knapp 1¼ Std., Sämtisersee – Bollenwees 1¼ Std., Bollenwees – Parkplatz Brülisau 1¾ Std. Insgesamt 4¼ Std.
Anforderungen: Unschwierig.
Höchster Punkt: Ca. 1490 m, kurz vor Bollenwees.
Einkehrmöglichkeiten: Plattenbödeli, Bollenwees.
Sehenswert: In Brülisau die 1478 geweihte Sebastiankapelle. Der Sämtisersee und als landschaftlicher Höhepunkt der Blick auf das großartige Szenarium um den Fälensee.

Der Aufstieg: Vom Parkplatz auf dem breiten Weg zur Schranke und in die schattig-kühle Enge des Brüeltobels. Es folgen etliche Hüttchen. Mit dem breiten Weg steil bergan in etwas mehr als 1 Std. zum Gasthaus **Plattenbödeli,**

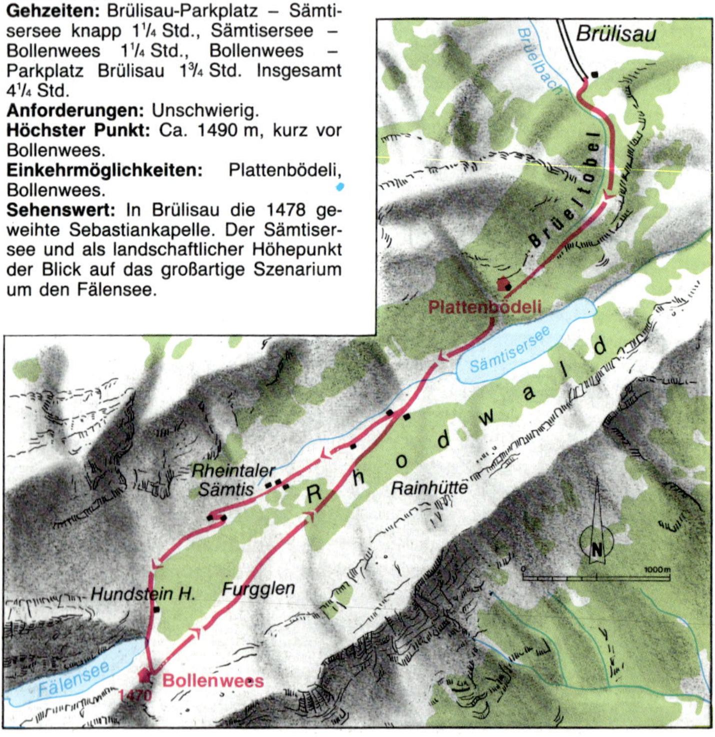

1279 m, wobei ungefähr die Hälfte der Gesamtsteigung bewältigt ist. Südlich des Gasthofes steht auf einer Lichtung das Kapellchen Mariä Heimsuchung; Ende Juni bis Ende August sonntags um 11.00 Uhr hl. Messe. Danach senkt sich der breite Weg vorerst. Es dauert nicht lange, bis der **Sämtisersee**, 1209 m, erscheint. Er weist – ebenso wie der Fälensee – keinen sichtbaren Abfluß auf, sondern entwässert sich mittels eines Höhlensystems zum Rheintal hin. Westlich des Sees auf einem Balkensteg über den Zufluß. Kurz danach geht es an der Gabelung halbrechts, parallel zu einem Wäldchen, an der **Kalthütte**, 1248 m, vorbei und durch das langgestreckte Hochtal der Sämtisalp. Ungefähr 1 Std. nach dem Plattenbödeli sind wir bei einer Wegekreuzung. Hier links, durch den sogenannten „Stifel" aufwärts zu einem Felsdurchlaß, von dem man nicht mehr weit nach **Bollenwees**, 1470 m, absteigt. Südlich zeigen sich über der Saxer Lücke teilweise die Kreuzberge. Der beste Aussichtsplatz über den Fälensee ist der Hügel hinter dem Gasthaus. Von dort bieten sich auch die lohnendsten Fotomotive! Wer Lust hat, kann am nördlichen Ufer in ½ Std. zur Fälenalp, 1457 m, spazieren.

Rückweg: Talaus, zunächst ein Stück bergan, worauf sich der Fahrweg in Serpentinen senkt, über das Geisserhüttli. Etwa ½ Std. nach Bollenwees nimmt uns der Rhodwald auf. Etwa 5 Minuten später tritt der **Sämtisersee** ins Blickfeld, vor dem man auf den Herweg stößt.

Blick von Bollenwees zur Saxer Lücke.

48 Rotsteinpaß, 2120 m

Der stille Weg von Bollenwees

Bollenwees – Widderalp – Bötzelsattel – Spitzigstein – Rotsteinpaß

Talort: Brülisau, 922 m, Dorfkern südöstlich (5 km) von Appenzell, am Fuße des Hohen Kasten. Nächster Bahnhof in Weissbad (2 km, Busse).
Parkmöglichkeit: Neben der Kirche oder nach 1 km bei Pfannenstil.
Ausgangspunkt: Bollenwees, 1470 m, Berggasthof am Fälensee, 27 Schlafplätze (an Wochenenden telefonische Anmeldung ratsam: 071 / 88 11 70). Von Brülisau über den Sämtisersee 2½ Std., vom Parkplatz hinter Brülisau 2¼ Std. Etwa 10 Min. nordwestlich die Hundsteinhütte, 1554 m, SAC, 52 Schlafplätze, bewirtschaftet an Wochenenden von Mai bis Oktober, ab Mitte Juli bis Anfang August täglich.
Gehzeiten: Bollenwees – Widderalp 1 Std., Widderalp – Spitzigstein 2 Std., Spitzigstein – Rotsteinpaß 1½ Std., Rückweg 4 Std. Insgesamt 8½ Std.
Anforderungen: Unschwierig.
Einkehrmöglichkeit: Rotsteinpaß, auch Übernachtungsmöglichkeit.
Sehenswert: Ursprüngliche Landschaft. Schöne Aussicht vom Rotsteinpaß, wo mit etwas Glück Steinböcke zu sehen sind.

Der Anstieg: Vom Gasthaus Bollenwees nördlich ansteigen zu einem Felsdurchlaß. Danach senkt sich der Weg durch den sogenannten „Stifel“. Wenig später vor dem Wald links und wieder bergan. Rechts mündet der Weg von der Sämtisalp ein. Gemeinsam in 20 Minuten zur **Widderalp**, 1644 m. Das Hochtal wird links von den Widderalpstöcken, rechts vom Marwees Schafberg gesäumt. Durch dieses Hochtal, weiter oben durch den Schutt der Grueb, 40 Minuten in den **Widderalpsattel**, 1856 m, am Auslauf des

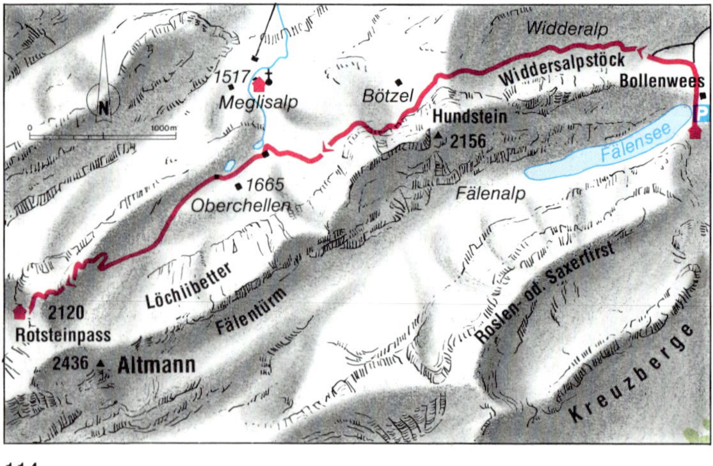

Die Hütte im Rotsteinpaß.

Hundstein-Nordrückens. Südwestlich zu Füßen des Hundsteins und der Freiheit-Nordwand durch Geröll in weitem Halbbogen über dem Bötzelkessel zum **Bötzelsattel**, 1865 m. Westlich verliert man mehr als 200 Höhenmeter, das heißt man gelangt in etwa 25 Minuten nach **Spitzigstein**, 1620 m. Hier mündet der Zugang vom Seealpsee über die Meglisalp.

Nach der ersten Hütte von Spitzigstein scharf links, oberhalb der Seelein südwestlich zu etlichen Hütten: **Oberchellen**. Die Spur setzt sich über karge Grashänge und durch Geröll fort.

Ungefähr 40 Min. nach Spitzigstein teilen sich die Pfade bei P. 1865. Links führt der Steig (stellenweise Drahtseile) in den Löchlibettersattel. Unsere Route leitet geradeaus bzw. schwach rechtshaltend über die Hänge der Schafmahd bis nahe an den Kamm heran und setzt sich dann links in seinen Flanken fort, zuletzt kehrenreich im Geröll zum Berggasthaus am **Rotsteinpaß**, 2120 m.

Rückweg: Wie Herweg. Wer nicht mehr nach Bollenwees muß, geht von der Weggabelung unterhalb der Widderalp geradeaus, über Sämtisalp und Sämtiser See nach Brülisau.

49 Mutschen und Zwinglipaß

Im Banne der Kreuzberge

Bollenwees – Saxer Lücke – Roslenalp – Mutschen – Chreialpfirst – Zwinglipaß – Häderen – Fälensee – Bollenwees

Talort: Brülisau, 922 m, südöstlich (5 km) von Appenzell, am Fuße des Hohen Kasten. Nächste Bahnstation in Weissbad (2 km, Busse).
Parkmöglichkeit: Neben der Kirche oder nach 1 km bei Pfannenstil.
Ausgangspunkt: Bollenwees, 1470 m, Berggasthof am Fälensee, 27 Schlafplätze (an Wochenenden telefonische Anmeldung ratsam: 071 / 88 11 70). Von Brülisau über den Sämtisersee 2½ Std.; vom Parkplatz hinter Brülisau ¼ Std. kürzer. 10 Min. nordwestlich die Hundsteinhütte, 1554 m, SAC, 52 Schlafplätze, bewirtschaftet ab Mitte Juli bis Anfang August, sonst nur Wochenende.
Gehzeiten: Bollenwees – Saxer Lücke ½ Std., Saxer Lücke – Roslenalp 25 Min., Roslenalp – Mutschensattel ¾ Std., Mutschensattel – Mutschen 10 Min., Mutschen – Zwinglipaß 1¼ Std., Zwinglipaß – Bollenwees 1¾ Std. Insgesamt etwa 5 Std.
Anforderungen: Trittsicherheit und Schwindelfreiheit; kurz drahtseilgesichert.
Höchster Punkt: 2126 m auf dem Chreialpfirst.
Sehenswert: Kreuzberge. Vom Mutschen berühmte Aussicht auf das Rheintal, sowie auf die Vorarlberger- und Bündnerberge.

Der Anstieg: Von Bollenwees südwärts auf steinigem Weg in ½ Std. hoch in die **Saxer Lücke**, 1649 m, mit einer Informationstafel des Geologischen Wanderweges (s. Tour 46). Wegweiser erklären die verschiedenen Ziele. Wir halten uns rechts (südwestlich) und gelangen angesichts der Kreuzber-

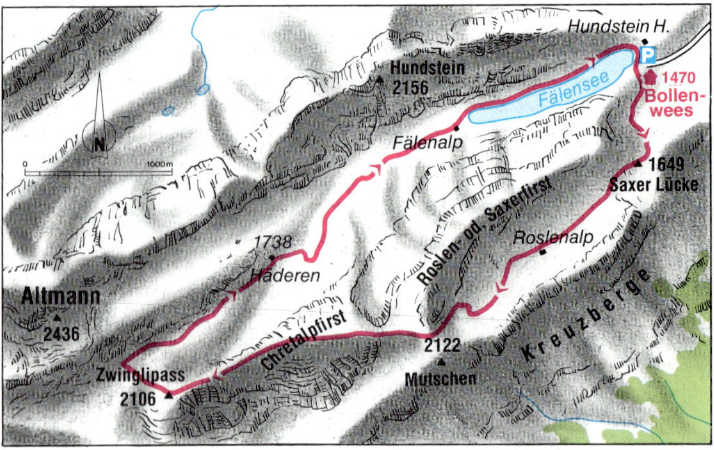

Die Kreuzberge vom Mutschensattel aus.

ge in knapp 1/2 Std. zur **Roslenalp**, 1767 m. Nach 3/4 Std. ist der **Mutschensattel**, 2069 m, erreicht. Er zeigt die gesamte Front der acht Kreuzberge: ganz rechts der achte Kreuzberg, links unten der erste Kreuzberg. Aus dem Sattel östlich über Geröll und plattige Felsen in 10 Minuten auf den Gipfel des **Mutschen**, 2121 m; von Bollenwees nicht ganz 2 Std.

Abstieg und Rückweg: Aus dem Mutschensattel der in Richtung Zwinglipaß zeigenden Tafel folgen: Westlich bergan, 10 Minuten in den **Roslensattel**, 2099 m, zwischen Roslen- und **Chreialpfirst**. Westlich zum höchsten Punkt des Chreialpfirstes, 2126 m, und über seinen anfangs noch breiten Rücken (Kantonsgrenze) weiter. Bei P. 2067, vor dem Ruchbüel, halbrechts die felsbesetzten Hänge queren in den **Zwinglipaß**, 2011 m; vom Mutschen 1 1/4 Std.

Aus dem Paß (Wegtafel) rechts, nordöstlich auf schwachen Steigspuren in 35 Minuten zu den Hütten von Häderen, 1738 m. Im Westen sieht man die glattwandigen Fälentürme, rechts davon die Abstürze des Nadlenspitzes und des Hundsteines. Weiter abwärts. Nach 20 Minuten stößt man auf den Weg Altmann – Bollenwees. Talaus etwa 5 Minuten zur **Fälenalp**, 1457 m; Trinkmilch. Die letzte halbe Wanderstunde wird am Nordufer des traumhaft schönen **Fälensees** zurückgelegt.

50 Altmann, 2436 m

Kühner Gipfel über dem Fälensee

Bollenwees – Fälensee – Altmannsattel – Altmann

Talort: Brülisau, 922 m, südöstlich (5 km) von Appenzell, am Fuße des Hohen Kasten. Nächster Bahnhof in Weissbad (2 km, Busse).
Parkmöglichkeit: Neben der Kirche oder 1 km talein bei Pfannenstil.
Ausgangspunkt: Bollenwees, 1470 m, Berggasthof am Fälensee, 27 Schlafplätze (an Wochenenden telefonische Anmeldung ratsam: 071/88 11 70). Von Brülisau 2½ Std. über den Sämtisersee; ab dem Parkplatz hinter Brülisau ¼ Std. kürzer. 10 Min. nordwestlich die Hundsteinhütte, 1554 m, SAC, 52 Schlafplätze, bewirtschaftet an Wochenenden von Mai bis Oktober, von Mitte Juli bis Anfang August täglich.
Gehzeiten: Bollenwees – Altmannsattel 3 Std., Altmannsattel – Gipfel 10 Min., Abstieg 2¼ bis 2½ Std. Insgesamt etwa 5½ Std.
Anforderungen: Bis zum Altmannsattel ist Trittsicherheit notwendig; teilweise gesichert. Gipfelgang stellenweise im oberen I. Schwierigkeitsgrad.
Höchster Punkt: Altmann, 2436 m.
Sehenswert: Der Fälensee gehört zu den schönstgelegenen Alpenseen der gesamten Schweiz. Vom Altmann großartige Panoramaschau.

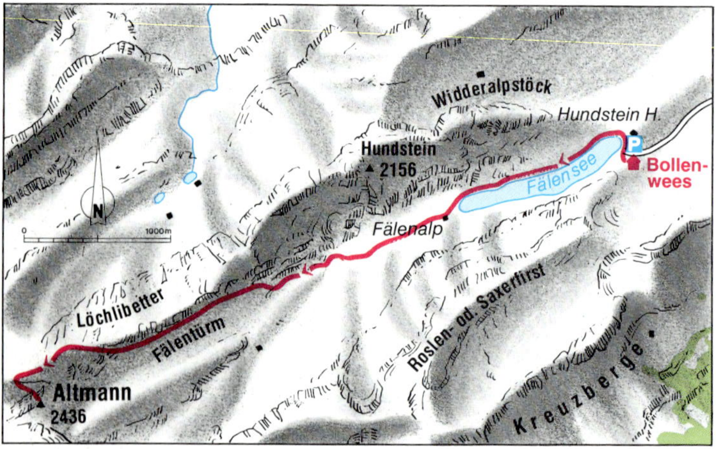

Der Anstieg: Ab **Bollenwees** zunächst etwa ½ Std. am nördlichen Ufer des **Fälensees** entlang, der sich unterirdisch durch ein Höhlensystem zum Rheintal hin entwässert. Von den Hütten der **Fälenalp**, 1457 m, weiter taleinwärts inmitten einer gigantischen Landschaft, gebildet rechterhand von Hundstein, Rotem Turm, Freiheit samt Türmen und Nollenspitz; links erstreckt sich über den Nagelplatten der Roslenfirst, dem südlich der Chrei-

alpfirst folgt. Etwa 1/4 Std. nach der Fälenalp folgt man an der Gabelung Spur halbrechts. Unter den Abstürzen des Fälenschafberges und den scheinbar mauerglatten (von extremen Kletterern geschätzten) Wänden der Fälentürme weiter steigen. Links unten träumt das kleine Wildseeli. Die Spur führt über felsdurchsetzte Rasenböden, vorbei an tiefen Erosionstrichtern. Vorsicht! Zum **Löchlibettersattel**, 2162 m, sind es von Bollenwees 2 1/2 Std.
Jenseits des Sattels zeigt sich die Meglisalp. Der Altmann – genauer gesagt, das rechts davon herabziehende Firnfeld (im Spätsommer Geröllhalde) – weisen die Richtung. Oberhalb führt der gesicherte, markierte Steig empor in den **Altmannsattel**, 2368 m; von Bollenwees 3 Std. Links zum Vorbau. Zunächst gerade hoch, dann rechtshaltend zu einer versteckten Rinne. Sie leitet auf plattigen Fels (Eisenstifte). Oben rechtshaltend auf einer Art Rampe (Eisenstifte) zum Grat, auf dem es links zum Gipfel des **Altmann**, 2436 m, geht.
Abstieg: Wie Aufstieg. Geübte können auf dem Geröll- bzw. Schneefeld „abfahren"!

Die Ausflugsgaststätte Bollenwees am Fälensee.

Stichwortverzeichnis

Die Zahlen hinter den Begriffen sind Tourennummern; die in Klammern gesetzten sind Seitenzahlen. Bezeichnungen wie Hohe, Große, Niedere sind nachgestellt.

Umweltschutz für das Gebirge

Die Gebirge sind von Natur aus die am schwierigsten und mühsamsten zugänglichen Landschaften. Das hat sie im Vergleich zu den zahmeren Gebieten länger vor Belastungen und Zerstörungen durch Menschen bewahrt.
Wo allerdings dem Massenverkehr durch Straßen-, Autobahn- und Seilbahnbau Wege geschaffen werden, entwickelt sich die große Zahl von Menschen auch im Gebirge rasch zum Problem.
Andererseits können wir besonders im Gebirge erfahren, wie wohltuend intakte Landschaft ist. Und deshalb können wir gerade dort den Willen entwickeln, selbst beizutragen, daß unsere Umwelt allgemein und die von uns bewunderten Naturschönheiten im besonderen bewahrt werden.

Offensichtlich ist dafür nötig eigenes unweltschonendes, „sanftes" Verhalten im Gebirge selbst:

- **Alle Pflanzen und Tiere respektieren.**
Wer etwas zur Erinnerung mitnehmen möchte, tue dies nur per Kamera und Film.

- **Alle Abfälle wieder mit ins Tal nehmen.**
Auch die ganz kleinen. Auch die von anderen Menschen. Die weggeworfenen Objekte verrotten nur langsam und schaffen zugleich jene Atmosphäre von Verwahrlosung, die zum Wegwerfen weiterer Abfälle animiert. Auch das „Verstecken" von Abfällen unter Steine, in Felsspalten usw. ist ein miserable Lösung.

- **Keine Wegabschneider im erosionsgefährdeten Gelände.**
Sie können erhebliche Schäden an Vegetation und Boden auslösen. Aber auch im stabilen Gelände an die Wege halten.

- **Mit Kochern sorgsam umgehen. Keine offenen Feuer.**
Letztere sind zwar romantisch, aber Holz wächst in der Höhe extrem langsam. Ganz abgesehen von der Waldbrandgefahr in den durch Luftverschmutzung geschwächten Bergwäldern.

- **Mountain Bike nur auf festen Wegen.**
Das Bergrad ist zwar emissionsfrei, kann aber auf Gras und Schutt erhebliche Erosionsschäden auslösen. Rücksichtsvolles Verhalten bei Begegnung und Überholen von Bergwanderern sollte selbstverständlich sein.

Solche Verhaltensregeln sind schon recht gut im Bewußtsein aller Bergbesucher/innen verankert. **Dagegen ist bei der Anfahrt als dem umweltschädigendsten Vorgang beim Bergsteigen noch viel Änderung unseres Verhaltens nötig:**

- **Wo immer möglich Bahn, Bus oder Rad zur Anfahrt benutzen.**
- **Wenn schon Auto, dann als Fahrgemeinschaft.**
- **Auf jeden Fall im Gebirge alle Fahrverbote respektieren.**

Die größten Zerstörungen richtet im Gebirge die „Erschließung" an. Der Bagger bringt mehr um als ganze Generationen von Bergsteigern. Dabei argumentieren die Planer von neuen Straßen, Bergbahnen, Liften, Hotels usw. mit unserer Nachfrage.

Wir können und sollten uns in besonders folgenreiche Planungen einmischen:

- **Durch mündliche und schriftliche Kontakte mit den für neue Bauprojekte an Straßen, Liften usw. zuständigen Stellen (bei Bürgermeistern, Kurverwaltungen, Vermietern, Zeitungen und Zeitschriften).**
- **Durch ideelle und finanzielle Unterstützung der Umweltverbände, Bürgerinitiativen und Alpenvereine für die Erhaltung der unverbauten Natur und für Schadstoffreduzierung und -verhinderung.**
- **Durch ideelle und finanzielle Unterstützung von Initiativen und Verkehrsklubs mit tatsächlich umweltgerechter Zielsetzung, für Ausbau und attraktive Preisgestaltung von Bahnen und Bussen und Zurückdrängung des Autoverkehrs.**

Damit die Ursprünglichkeit der Gebirge als ihr größter Wert bewahrt – oder wiederhergestellt – wird. Damit der Wald sich erholen kann und Schutt und Wasser auch weiterhin von seinen Wurzeln gehalten werden. Und damit unsere eigene Gesundheit erhalten bleibt, um uns an den Gebirgen noch möglichst lange freuen zu können.

Richard Goedeke, Garant von Mountain Wilderness

Bergverlag Rudolf Rother – Verlagsprogramm

Landshuter Allee 49, 8000 München 19, Telefon (089) 12 21 30-10

Alpenvereinsführer

Allgäuer Alpen
Ammergauer Alpen
Ankogel-, Goldberggruppe
Berchtesgadener Alpen
Brentagruppe
Chiemgauer Alpen
Civettagruppe
Cristallogruppe, Pomagagnonzug
Dachsteingebirge Ost und West
Eisenerzer Alpen
Geisler-, Steviagruppe
Gesäuseberge
Glockner-, Granatspitzgruppe
Heiligkreuzkofel
Hochkönig
Hochschwab
Kaisergebirge
Karawanken
Karnischer Hauptkamm
Karwendelgebirge
Kitzbüheler Alpen
Lechquellengebirge
Lechtaler Alpen
Lienzer Dolomiten
Loferer und Leoganger Steinberge
Marmolada
Mieminger Kette
Ortlergruppe
Ötztaler Alpen
Pelmo
Puezgruppe und Peitlerkofel
Rätikon
Rieserfernergruppe
Rofangebirge
Rosengartengruppe
Samnaungruppe
Schiara
Schobergruppe
Sellagruppe
Sextener Dolomiten
Silvretta
Stubaier Alpen
Tannheimer Berge
Tauern, Niedere
Tennengebirge
Totes Gebirge
Venedigergruppe
Verwallgruppe
Wetterstein
Zillertaler Alpen

Gebiets- und Auswahlführer

Adamello-, Presanella- und Baitonegruppe
Allgäuer Alpen
Allgäuer Bergland
Aostatal
Bayerisches Hochland Ost
Bayerisches Hochland West
Bayerische Voralpen (Kletterführer)
Berchtesgadener Alpen
Bergell
Bergamasker Alpen
Berner Alpen
Berninagruppe
Brandnertal
Bregenzerwald-, Lechquellengebirge
Brentagruppe
Dachsteingebirge
Dauphiné
Dolomiten Ost
Dolomiten West
Dolomiten mit Brentagruppe,
Mendelkamm und Gardaseebergen (Klettersteige)
Dolomiten-Höhenwege 1 – 3, 4 – 7, 8 – 10
Nordöstliche Dolomiten
Südöstliche Dolomiten
Dolomiten, Mitterschwere Felsfahrten
Gailtaler Alpen
Gesäuse
Glockner-, Granatspitz- und
Venedigergruppe
Gran Paradiso
Graubünden
Heilbronner Weg
Hindelang
Julische Alpen
Julische Alpen, Westliche
Julische und Steiner Alpen
Kaisergebirge
Kalkalpen, Nördl., Höhenwege
Kalkalpen, Nördl., Ost (Klettersteige)

Kalkalpen, Nördl., West (Klettersteige)
Kalkalpen, Nördl., West, Mittelschwere Felsfahrten
Karwendelgebirge
Kreuzeck-, Reißeck- und Sadniggruppe
Lechquellengebirge
Lechtaler Alpen
Loferer und Leoganger Steinberge
Marmolada und Fassaner Dolomiten
Montafon
Montblancgruppe
Norwegen
Ortlergruppe
Ötztaler Alpen
Palagruppe
Paznaun
Peitlerkofel und Plosegebiet
Peru
Pyrenäen
Rätikon
Rosengarten
Sarntaler Alpen
Schwangau
Sextener Dolomiten
Silvrettagruppe
Stubaier Alpen
Südtirol 1, 2, 3 und 4
Totes Gebirge
Tuxer Voralpen
Walliser Alpen
Watzmann-Ostwand
Wettersteingebirge
Zillertaler Alpen
Zoldiner und Belluneser Dolomiten

Wanderführer

Appenzeller Land
Berchtesgadener Land
Bodensee bis Brandnertal
Bregenzerwald
Chiemgau
Dolomiten
Gardaseeberge
Rund um Innsbruck
Rund um Meran
Montafon
Oberallgäu und Kleinwalsertal
Ostallgäu und Lechtal
Osttirol
Salzkammergut
Stubaier Alpen
Tannheimer Tal
Vinschgau
Zillertaler Alpen
Rund um die Zugspitze

Skiführer

Allgäuer Alpen
Haute Route
Kitzbüheler Alpen
Ortler
Ostalpen 1, 2, 3, 4, 5, 6, 7
Ötztaler Alpen
Silvretta und Rätikon
Stubaier Alpen

Alpine Lehrbücher

Die Anwendung des Seiles
Bergrettungstechnik
Bergwandern – Bergsteigen
Sicher Eisklettern
Alpine Eistechnik
Alpine Felstechnik
Sicher Freiklettern
Grundschule zum Bergwandern
Lawinen
Mit Kindern in die Berge
Orientierung im Gebirge
Alpine Seiltechnik
Tourenskilauf
Wetter und Bergsteigen
Alpines Wildwasserfahren

Bildbände

Abstieg zum Erfolg
Augenblicke oben – Klettern in den Westalpen
Bergell
Bernina
Dolomiten-Höhenwege 1 – 10
Das Gesäuse
Die Göttin des Türkis
High Life – Sportklettern weltweit
Hohe Ziele – Hütten der Alpen
Das Buch der Klettersteige
Luft unter den Sohlen – Klettern in den Sextener Dolomiten
Nepal – Schritt für Schritt
Die großen Skihütten der Ostalpen
Die großen Skihütten der Westalpen
Spurensuche – Anstiege auf berühmte Gipfel der Ostalpen
Viertausender der Alpen
Wallis